Sabine Wiesel

W0075135

Richtig kochen bei Divertikulitis

Über 200 leckere Rezepte für jeden Anlass

Diese Publikation ist urheberrechtlich geschützt. Alle Rechte vorbehalten. Die Verwendung der Texte und Abbildungen, auch auszugsweise, ist ohne die schriftliche Zustimmung des Verlages rechtswidrig und wird straf- und zivilrechtlich verfolgt. Dies gilt insbesondere für Vervielfältigung, Übersetzung oder Verwendung in elektronischen Systemen.

Sämtliche Angaben und Anschriften wurden sorgfältig und nach bestem Wissen und Gewissen ermittelt. Trotzdem kann von Autor und Verlag keine Haftung übernommen werden.

© Copyright 2011 SuperSenior® Marketing Ltd., ersa Verlag

Richtig kochen bei Divertikulitis
Über 200 leckere Rezepte für jeden Anlass

Sabine Wiesel
1. Ausgabe 2011
Taschenbuchausgabe April 2011
bei ersa Verlag
ISBN 978-3-9814007-5-5
© Copyright 2011 SuperSenior® Marketing Ltd., ersa Verlag
Umschlaggestaltung: ersa Verlag & Marketing, Wismar
Umschlagfoto:© mariamsh – depositphotos.com
Lektorat: ersa Verlag & Marketing, Wismar
Herstellung: SOL Service GmbH Schrobenhausen,
Printed in Germany

SPRACHREGELUNG:
Zur Vereinfachung beim Schreiben und Lesen wird immer die männliche Form verwendet: z. B. der Patient, der Arzt usw. Dieser Artikel dient als allgemeiner Gattungsbegriff und schließt weibliche Personen automatisch mit ein.

Inhaltsverzeichnis

Vorwort

Die Ernährung spielt bekanntermaßen bei der Divertikulitis eine so entscheidende Rolle, dass allein schon durch eine Ernährungsanpassung so manche Darmoperation überflüssig gemacht werden konnte. Aber auch wenn die Erkrankung mit verschiedenen Medikamenten behandelt wird, oder eine Operation bereits erfolgt ist, so verhindert dies nicht, dass eine bestimmte Ernährungsweise eingehalten werden muss.

Die Frage ist allerdings immer: Was soll man bei der Divertikulitis essen? Was hilft, um einen erneuten Schub zu vermeiden? Was ist schädlich, und kann zu erneuten Entzündungen führen? Wie soll das Leben jetzt weitergehen, wenn man nicht genau weiß, was man überhaupt essen darf? Welchen Einfluss hat die neue Ernährung auf das Familienleben, wenn man die eigene Ernährung mit der der Familie unter einen Hut bekommen möchte?

Schmecken die ganzen Lebensmittel überhaupt, die man jetzt hauptsächlich essen soll? Wie kann man die Ernährungsumstellung mit seinem Beruf vereinbaren? Wie verhält man sich unterwegs? Und was ist im Urlaub?

Allein schon diese vielen Fragen zeigen die großen Herausforderungen, die durch eine Ernährungsumstellung auftreten können. Und besonders für diejenigen unter Ihnen, die sich bisweilen noch nie intensiv mit Ernährungsfragen beschäftigt haben, kann die Aufforderung des Arztes, man solle die Ernährung umstellen, ein großes Problem bedeuten. Besonders am Anfang sind die Unsicherheiten recht groß.

Wenn man sich noch nie mit dem Thema Ernährung beschäftigt hat, ist es nachvollziehbar, dass man nicht weiß, welche Nahrungsmittel am besten bei der Divertikulitis geeignet sind. Diese Unsicherheit wird schließlich noch dadurch verstärkt, indem während der unterschiedlichen Phasen der Erkrankung verschiedene Nahrungsmittel erforderlich sind. Denn während einer akuten Phase ist eine ganz andere Ernährung angezeigt, als während einer chronischen Phase. So helfen einerseits zwar bestimmte Nahrungsmittel, die Entstehung von neuen Entzündungen zu vermeiden, aber es sind genau diese Lebensmittel, die bei einem akuten Schub geradezu gefährlich werden können.

Während beispielsweise Vollkornprodukte als hervorragende Nahrungsmittel gelten, um einen erneuten Schub zu vermeiden, müssen genau diese Lebensmittel während der akuten Phasen unbedingt gemieden werden. Und erst wenn die akute Phase überstanden ist, können ganz langsam die ballaststoffreichen Lebensmittel wieder in den Ernährungsplan aufgenommen werden.

Sie sehen es selbst - will man also trotz seiner Divertikulitis gesünder werden, dann bleibt einem gar nichts anderes übrig, als sich mit dem Thema Ernährung zu beschäftigen.

Sicher, die Ernährung umzustellen, ist oft einfacher gesagt als getan. Besonders wenn man berufstätig ist, sich bisweilen von Kantinenessen ernährt und nur wenig Zeit zum Einkaufen hat, kann es eine große Herausforderung sein, eine der Divertikulitis angepasste Ernährung durchzuführen. Am Anfang, wenn alles noch so neu ist, kann einen die Ernährungsumstellung ganz schön ins Schwitzen bringen. Denn alte Gewohnheiten müssen dann oftmals über Bord geworfen werden. So manches Lieblingsessen verschwindet von der Speisekarte, und neue Lebensmittel, um die man bisher erfolgreich einen großen Bogen gemacht hatte, stehen nun regelmäßig auf dem Tisch.

Doch machen Sie sich nicht verrückt. Das Leben mit Divertikulitis bedeutet nicht, dass man grundsätzlich auf leckere Speisen verzichten muss. Die leckeren Speisen sind jetzt nur andere. Anstatt Zucker verwenden Sie beispielsweise Honig. Und anstatt viel Fleisch bevorzugen Sie zukünftig mehr vegetarische Gerichte. Sie werden sehen, wie Sie sich im Laufe der Zeit daran gewöhnen werden. Und wenn Sie sich bewusst machen, dass Sie durch die Umstellung Ihrer Ernährung eine deutlich bessere Lebensqualität erreichen können, dann fällt der Verzicht auf das eine oder andere lieb gewonnene Lebensmittel aus der ‚alten Zeit' wesentlich leichter. Irgendwann werden Sie feststellen, dass der Verzicht auf bestimmte Nahrungsmittel ein selbstverständlicher Teil Ihres Lebens geworden ist. Sie werden das Meiden bestimmter Lebensmittel dann gar nicht mehr als Verzicht empfinden, sondern dies einfach als einen Bestandteil Ihres Lebens betrachten.

Es wird eines Tages ganz normal für Sie sein, dass Sie nicht mehr wahllos in einer Bäckerei einkaufen, sondern sich nach den Inhaltsstoffen erkundigen. Auch ein Besuch im Reformhaus oder einem Bioladen kommt Ihnen irgendwann nicht mehr exotisch vor, sondern es gehört ganz einfach zu Ihrem neuen Lebensstil.

Aus vielen Rückmeldungen meiner Leser ist mir bekannt, dass viele von ihnen händeringend nach Unterstützung in Ernährungsfragen suchen, sobald sie die Diagnose Divertikulitis erhalten haben. Und in vielen Gesprächen kam immer wieder die Frage auf: Gibt es Rezepte für eine divertikulitisgeeignete Ernährung?

Ja, die gibt es. Zwar werden bereits in meinem Buch ‚Divertikulitis – die unterschätzte Krankheit' einige Rezepte vorgestellt, aber das Interesse an weiteren Rezepten scheint so groß zu sein, dass nun aufgrund Ihrer Anregungen dieses einmalige Kochbuch speziell für Divertikulitis-Patienten entstanden ist.

Stöbern Sie also jetzt in diesem übersichtlich gehaltenen Buch nach neuen und altbekannten, aber auch vergessenen Gaumenfreuden. Ganz einfach und ohne großen Zeitaufwand – das ist der Anspruch, den dieses Buch hat. Bewusst wurde auf komplizierte Rezepte verzichtet, sodass Sie auch ohne große Vorkenntnisse oder teure Küchengeräte leckere Gerichte zaubern können. Auch wenn Sie bisher kein großer Küchenzauberer waren – mit diesen Rezepten werden Sie bestimmt Freude am Kochen bekommen.

Dieses abwechslungsreiche Kochbuch hält für jeden Anlass etwas bereit. Egal, ob Sie einen leckeren Gemüseauflauf zaubern möchten, einen Snack für zwischendurch benötigen, oder ob es Ihnen einfach um mehr Abwechslung in Ihrer Küche geht. Das Angebot ist so vielseitig, dass Sie mit diesem Kochbuch einen wichtigen Begleiter für jede Phase Ihrer Divertikulitis gefunden haben.

Denn Sie erhalten hilfreiche Ernährungstipps für die akute Phase, Einführungsphase und chronische Phase.

Dabei sind die Gerichte so vielseitig zusammengestellt, dass für jeden Geschmack etwas zu finden ist. So werden Sie ganz sicher auf zahlreiche Rezepte stoßen, die Ihnen und Ihren Geschmacksknospen zusagen werden. Bringen Sie also trotz Ihrer Divertikulitis leckere Sachen auf Ihren Teller, und freuen Sie sich auf mehr Abwechslung in Ihrer Küche.

Ich wünsche Ihnen von Herzen gutes Gelingen und schon jetzt einen richtig guten Appetit!

Ihre Sabine Wiesel

Ernährung bei Divertikulitis

Bei der Divertikulitis spielt die Ernährung eine so entscheidende Rolle, dass mit ihrer Hilfe großartige gesundheitliche Verbesserungen erreicht werden können.

Da die Divertikulitis in verschiedenen Phasen verläuft, gibt es keine einheitliche Ernährungsrichtlinie, die für all die Phasen gleich wirksam wäre. Denn während bestimmte Nahrungsmittel einerseits dabei helfen, die Entstehung der Divertikulitis zu vermeiden, sind es genau diese Lebensmittel, die bei einem akuten Schub geradezu gefährlich werden können und dann dringend gemieden werden müssen.

Und darüber hinaus gibt es noch einige Nahrungsmittel, auf deren Verzehr man sogar gänzlich verzichten sollte, ganz unabhängig davon, in welcher Phase der Krankheit man sich gerade befindet. Neben scharf gewürzten Mahlzeiten sind dies insbesondere ganze Nüsse, Samen und Trockenfrüchte.

Hinzu kommen Obstsorten, die kleine Kerne enthalten, wenngleich es auch hier einige Ernährungsberater gibt, die trotz der Divertikulitis deren Verzehr empfehlen. Obstsorten wie kernhaltige Weintrauben, Himbeeren, Johannisbeeren, Erdbeeren, Blaubeeren und Stachelbeeren enthalten kleine Kerne, die aufgrund ihrer Größe leicht in den Divertikeln im Darm hängen bleiben können und durch ihr Einnisten zu erneuten Entzündungen führen.

Auf derartige Obstsorten wurde in diesem Buch fast komplett verzichtet. Ausnahme bilden Weintrauben, deren Kerne man vor dem Verzehr entfernen kann.

Letztendlich ist es immer wichtig, dass Sie Ihre persönlichen Verträglichkeiten kennen oder kennenlernen. Sollten Sie das eine oder andere Lebensmittel nicht vertragen, verzichten Sie auf den Verzehr, oder versuchen Sie es mit einer geringeren Menge. Lassen Sie in diesem Fall Ihrer Kreativität freien Lauf, und wandeln Sie ein Rezept entsprechend Ihrer persönlichen Verträglichkeiten ab.

Bedenken Sie außerdem, dass es nicht nur ‚klassische Lebensmittelallergien' gibt, wie beispielsweise eine Allergie auf Erdnüsse, Kuhmilch oder Weizen, sondern viel häufiger Nahrungsmittelintoleranzen vorliegen, die als Fructose-, Laktose-, Histamin- oder Glutenintoleranzen auftreten und bei vielen Betroffenen jahrelang unentdeckt bleiben. Wenn bei Ihnen eine dieser Unverträglichkeiten bekannt ist, und Sie trotzdem nicht auf entsprechende Nahrungsmittel verzichten, reizen Sie Ihren Darm permanent, was für den Krankheitsverlauf der Divertikulitis nicht förderlich ist.

Wenn Sie Ihre Ernährung auf ballaststoffreiche Lebensmittel umstellen, verwenden Sie am besten ausschließlich biologisch angebautes Obst und Gemüse. Sicherlich ist Ihnen nicht zuletzt wegen diverser Medienberichte längst bekannt, dass konventionelle Supermarktwaren häufig stark mit Chemikalien und Pestiziden belastet sind, die zu einer Verschlimmerung der Divertikulitis beitragen können.

Die oberste Prämisse bei Ihrer Ernährung während der schubfreien Phase sollte immer lauten, dass Sie ausreichend Ballaststoffe zu sich nehmen. Bauen Sie sich hierfür Brücken, und beseitigen Sie die Stolperfallen, die Ihnen die Ernährungsumstellung unnötig erschweren würden. Verbannen Sie die Tüte Gummibärchen von Ihrem Schreibtisch, und platzieren Sie stattdessen dort eine Obstschale. Tauschen Sie Vollkornbrot gegen Ihr heißgeliebtes Weißbrot ein. Essen Sie als Zwischenmahlzeit statt eines Schokoriegels lieber einen Apfel. Und ersetzen Sie Ihr morgendliches Frühstück, bestehend aus einer Tasse Kaffee und einer Zigarette, ab heute durch ein Müsli.

Sie meinen, das klingt alles wie ein Wunschkonzert und ließe sich gar nicht realisieren? Lassen Sie sich Zeit, um sich an Ihre neue Ernährung zu gewöhnen. Es geht nicht darum, dass Sie die Umstellung abrupt vollziehen. Vielmehr ist es ein Prozess, den Sie durchlaufen, an dessen Ende Sie Ihre täglichen ca. 40 g Ballaststoffe erreichen werden. Behalten Sie dabei immer Ihr Ziel im Auge: Die Vermeidung erneuter Schübe durch eine ballaststoffreiche Ernährung.

Tipps

- Wenn Sie Lebensmittel verzehren, die zwar bei einer Divertikulitis als verträglich gelten, die Sie persönlich aber nicht vertragen, sollten Sie auf deren Verzehr unbedingt verzichten.

- Um die Verträglichkeit von Lebensmitteln besser einschätzen zu können, sollten Sie ein Tagebuch führen, in das Sie Ihre auftretenden Reaktionen bei bestimmten Nahrungsmitteln eintragen.

- Wenn Sie den Verdacht auf Nahrungsmittelunverträglichkeiten haben, lassen Sie dies von einem erfahrenen Therapeuten untersuchen. Nahrungsmittelintoleranzen sind keine Allergien im herkömmlichen Sinne, aber führen zu allergieähnlichen Symptomen. Sprechen Sie Ihren Arzt oder Heilpraktiker darauf an, wenn Sie vermuten, dass dies ein Thema bei Ihnen sein könnte. Häufig bleiben diese Intoleranzen unentdeckt, obwohl sie durch einfache Tests festgestellt werden können. Viel öfter als dies bekannt ist, liegen Unverträglichkeiten vor wie: Histamin-, Fructose-, Gluten- oder Laktoseintoleranz. Werden diese Nahrungsmittel trotz der Unverträglichkeit verzehrt, wird der Darm permanent gereizt, was bei der Divertikulitis natürlich vermieden werden sollte.

- Trinken Sie reichlich (2 – 3 Liter täglich), besonders, wenn Sie reine Kleie verwenden, damit die Ballaststoffe aufquellen können.

- Beginnen Sie in der chronischen Phase jeden Tag mit einem faserreichen Frühstück. Idealerweise besteht dies aus einem selbst zubereiteten Müsli.

- Wenn Sie zu Verstopfung neigen, massieren Sie regelmäßig Ihren Bauch. Auch ein Glas lauwarmes Wasser morgens auf nüchternen Magen kann kleine Wunder bewirken.

- Wenn Sie aufgrund von Verstopfungen über einen langen Zeitraum Abführmittel eingenommen haben, reduzieren Sie diese langsam. Hören Sie mit der Einnahme nicht abrupt auf, sondern schleichen Sie die Präparate nach und nach aus.

- Sorgen Sie für regelmäßige Bewegung. Dies hält die Verdauung auf Trab, sodass Ihr Stuhlgang gefördert wird. Der Spruch: ‚Einen Verdauungsspaziergang machen' kommt also nicht von ungefähr.

Das sollten Sie auch wissen

Die in diesem Buch zusammengestellten Rezepte wurden nach allerbestem Wissen ausgewählt.

Die meisten ausgewählten Rezepte sind äußerst einfach und verständlich, sodass keine umfangreichen Vorkenntnisse erforderlich sind. Viele der ausgewählten Zutaten sind alltäglich und kostengünstig, sodass Sie keine Probleme damit haben sollten, diese beschaffen zu können.

Und noch ein Hinweis zum Zucker. Trotz seiner vielen bekannten Nachteile wird er immer noch als das beliebteste Süßungsmittel verwendet. Da er sich jedoch sehr negativ auf die Divertikulitis auswirken kann, wurde bei den meisten Rezepten in diesem Buch auf die Verwendung von Zucker verzichtet oder die Menge nur sehr gering gehalten. Stattdessen ist in einigen Rezepten Honig, Reissirup oder Ahornsirup als Zuckerersatz enthalten.

Trotz aller Vorsicht, die ich bei der Auswahl der Rezepte getroffen habe, bedeuten die angegebenen Empfehlungen keinen ‚Freifahrtschein' für eine tatsächliche Beschwerdefreiheit. Denn – das wissen Sie durch Ihre eigenen Erfahrungen mit der Divertikulose auch zugenüge – spielen oft noch weitere individuelle Unverträglichkeiten auf einzelne Nahrungsmittel eine wichtige Rolle.

Nehmen Sie auf jeden Fall professionelle Hilfe in Anspruch. Da Ärzte in der Regel keine Experten für Ernährungsfragen sind, richten Sie Fragen bezüglich Ihrer Ernährung an eine erfahrene Ernährungsberaterin, die sich mit Divertikulitis auskennt.

Bedenken Sie auch, dass wir als Herausgeber dieses Buches keine Haftung für die Rezepte übernehmen können. Nicht nur, dass sich möglicherweise kleine Fehlerteufel eingeschlichen haben, sondern auch, dass sich zwischenzeitlich neue medizinische Erkenntnisse bezüglich der Divertikulitis ergeben haben könnten.

Ballaststoffe

Bei der Divertikulitis ist eine der wichtigsten Voraussetzungen, erneute Schübe zu vermeiden, Verstopfung zu verhindern und für einen leichten und regelmäßigen Stuhlgang zu sorgen. Um dies zu erreichen, sollte während der chronischen Phasen ballaststoffreiche Kost verzehrt werden. Denn sie ist in der Lage, die Transitzeit der Nahrungsmittel wesentlich zu verkürzen.

Schon so manche Darmoperation konnte überflüssig gemacht werden, indem rechtzeitig für eine ballaststoffreiche Ernährung gesorgt wurde.

Bei den Ballaststoffen unterscheidet man zwischen wasserlöslichen und wasserunlöslichen. Während die wasserlöslichen (u. a. Dextrine, Pektin, Johannisbrotkernmehl) fast komplett im Darm abgebaut werden, geschieht dies bei den wasserunlöslichen (Cellulose) nur zu einem geringen Teil.

Um Verstopfung zu vermeiden, sollte es Ihr tägliches Ziel sein, möglichst 40 g Ballaststoffe über den Tag verteilt zu sich zu nehmen.

Wenn Sie beispielsweise ein Frühstücksmüsli und 2 frische Früchte verzehren, haben Sie bereits 20 g geschafft. Sie sehen, dass es also so schwierig gar nicht ist, seine tägliche Ration zu erreichen.

Eine Tagesration während der chronischen Phase könnte zum Beispiel so aussehen:

5 Scheiben Vollkornbrot (250 g)	= 20 g Ballaststoffe
3 Kartoffeln (200 g)	= 4 g Ballaststoffe
2 Äpfel ungeschält (200 g)	= 6 g Ballaststoffe
1 Birne ungeschält	= 3 g Ballaststoffe
50 g Haferflocken	= 4,5 g Ballaststoffe
1 Banane	= 2 g Ballaststoffe
Gesamtmenge	= 39,5 g Ballaststoffe

Die folgende Tabelle soll Ihnen bei Ihrer täglichen Planung helfen, die erforderliche Menge an Ballaststoffen zu erreichen:

Nahrungsmittel je 100 g	Ballaststoffe in Gramm
Ananas	1
Apfel roh	3
Apfelkompott	2
Apfelsine	2
Aprikose, roh	3
Aprikose, getrocknet	24
Aubergine, roh	4
Avocado, roh	3
Banane, roh	2
Birne, roh	3
Blumenkohl gekocht	2 - 3
Bohnen, weiß	23
Brokkoli, gekocht	5
Buchweizenvollkornmehl	3
Chicorée, roh	1
Cornflakes	4
Erbsen, gekocht	7
Frühlingszwiebel, gekocht	3
Gartenkresse	2
Grapefruit, roh	1
Grünkohl, gekocht	2
Haferflocken	9
Hirse	7
Kartoffel, gekocht	2
Kleieknäckebrot	20
Knollensellerie, gekocht	3
Kopfsalat, roh	3
Kokosraspel	24
Kürbis, roh	2
Lauch, roh	3
Leinsamen, ungeschält	4
Linsen getrocknet	4 - 11
Löwenzahnblätter, roh	2
Mandarinen, roh	3
Mandeln	9
Möhren	3
Oliven, grün	5
Oliven, schwarz	4
Petersilie, roh	7

Reis, Vollkorn	4
Reis, gekocht, parboiled	0,6
Rettich, roh	2
Rhabarber, roh	4
Roggenknäckebrot	14
Roggenvollkornbrot	6
Roggenvollkornmehl	13
Rosenkohl, roh	3 - 6
Rosenkohl, gekocht	5
Rosinen, getrocknet	10
Rote Bete	4
Sauerkraut, roh	2
Spinat, roh	6
Spinat, gekocht	7
Spinat, tiefgefroren	1
Spargel, gekocht	3
Vollkornnudeln, gekocht	4
Wassermelone	1
Vollkornzwieback	10
Weintrauben, grün	2
Weizenvollkornmehl	11
Zucchini	1
Zwiebel, roh	2

Ernährung in der Akutphase

Ein akuter Schub wird in den meisten Fällen stationär in einer Klinik behandelt und besteht aus Bettruhe und Nahrungskarenz. Je nach Ausprägung des Schubes erhält man eine künstliche Ernährung in Form von Infusionen oder eine extrem ballaststoffarme Kost.

Nach Beendigung der künstlichen Ernährung erfolgt ein ganz allmählicher Kostaufbau, der meistens aus flüssigen oder flüssig-breiigen Nahrungsmitteln wie beispielsweise Wasser, Brühe, Tee und Säften besteht. Diese Phase dauert bei vielen Patienten 2 bis 3 Tage, und sie soll dazu verhelfen, dass sich der Körper langsam daran gewöhnt, wieder feste Nahrung aufzunehmen.

Im Anschluss an diese Akutphase werden ganz allmählich Ballaststoffe in die Nahrung eingebaut, wie Sie in dem Kapitel ‚Einführungsphase' nachlesen können.

Rezepte Akutphase

Haferschleimsuppe

Haferschleimsuppe ist geradezu der Klassiker, wenn es um eine extreme Schonkost geht, um den Verdauungstrakt zu entlasten. Durch die Brühe wird der Körper mit wichtigen Salzen versorgt, was zur Kräftigung des Körpers beiträgt.

Zutaten:

¼ l Wasser, 1 TL Gemüsebrühe (Instant), 2 EL Schmelzflocken

Zubereitung:

Geben Sie das Wasser in einen Topf, und fügen Sie die Gemüsebrühe und die Schmelzflocken hinzu. Lassen Sie die Suppe unter ständigem Rühren kurz aufkochen und anschließend bei niedriger Stufe so lange köcheln, bis sie etwas dickflüssig geworden ist.

Basische Gemüsesuppe

Zutaten:

1 kleine Sellerieknolle, ½ Weißkohl, 2 kleine Stangen Lauch, 2 kleine Rote Bete, etwas Basilikum, 2 l Wasser

Zubereitung:

Das Gemüse wird gewaschen und anschließend in kleine Würfel geschnitten. Geben Sie das Gemüse anschließend in 2 l kaltes Wasser, und kochen Sie es kurz auf. Anschließend lassen Sie die Suppe ca. 2 Stunden lang auf kleiner Hitze köcheln. Dann gießen Sie die Brühe durch ein Sieb und trinken diese über den Tag verteilt.

Grießsuppe

Zutaten für 2 Personen:

300 ml fettarme Milch, 4 TL feiner Grieß, 1 TL Butter

Zubereitung:

Bringen Sie die Milch zum Kochen und geben dann den Grieß hinzu. Schalten Sie den Herd aus, und rühren Sie so lange um, bis der Grieß aufgequollen ist. Fügen Sie die Butter hinzu, und rühren Sie diese unter.

Gemüsebrühe

Zutaten:

250 g Lauch, 450 g Sellerie, 350 g Möhren, 250 g Fenchelknolle, 1 Knoblauchzehe, 1 Zwiebel, 1 Bund Petersilie, 3 Lorbeerblätter, 1,5 l Wasser, etwas Salz, 3 Gewürznelken

Zubereitung:

Entfernen Sie die Wurzeln des Lauchs. Säubern Sie den Lauch und schneiden Sie Ringe. Schälen und waschen Sie die Möhren, und schneiden Sie sie in Würfel. Die Fenchelknolle wird halbiert und der keilförmige Strunk mit einem spitzen Messer herausgetrennt. Nachdem Sie die beiden Fenchelhälften gewaschen haben, teilen Sie diese quer zu den Fasern in ca. 1 cm breite Streifen.

Reinigen und zerkleinern Sie den Sellerie. Die Zwiebeln und der Knoblauch werden geschält und anschließend halbiert. Waschen Sie die Petersilie, und geben Sie diese zusammen mit allen anderen Zutaten in einen Topf. Gießen Sie das Wasser hinzu, und kochen Sie die Brühe kurz auf. Anschließend lassen Sie sie bei kleiner Stufe ca. 30 Minuten lang köcheln.

Gießen Sie die Brühe in ein engmaschiges Sieb oder in ein mit einem Mulltuch ausgelegtes Sieb. Drücken Sie darin das Gemüse mit einem Holzspatel aus, und werfen Sie das ausgequetschte Gemüse anschließend weg.
Schmecken Sie die Brühe mit etwas Salz ab.

Nach der akuten Phase ist immer eine Einführungsphase erforderlich, die je nach Schweregrad der Divertikulitis bis zu 4 Wochen lang einzuhalten ist.

Wenn Sie die akute Phase hinter sich gebracht haben, muss sich Ihr Körper zunächst an die Aufnahme von etwas festeren Nahrungsmitteln gewöhnen, außerdem sollte der Darm auch während dieser Phase noch möglichst entlastet werden. Ziel muss es daher sein, Lebensmittel zu verzehren, die leicht verdaulich sind, aber den Darm gut passieren können und keine Verstopfung begünstigen wie beispielsweise Schokolade.

Die leicht verdauliche faserfreie Kost muss von einer ausreichenden Trinkmenge (2 – 3 Liter täglich) begleitet werden.

Vollkornprodukte, Kräuter, Nüsse, Körner, Kerne, Samen und faserreiches Obst und Gemüse sind zu vermeiden.

Sehr leicht ist eine ballaststoffarme Ernährung durchzuführen, wenn diese aus vielen Milchprodukten besteht. Allerdings gilt es hier zu beachten, inwieweit es zu Verstopfungen kommt und ob Milchprodukte überhaupt verträglich sind. Denn neben der sehr bekannten Laktoseintoleranz ist es häufig die weniger bekannte Unverträglichkeiten auf Milchzucker oder Kasein, die den Verzehr unmöglich machen.

Zu den faserarmen Lebensmitteln gehören:

- weich gekochte Nudeln aus Weißmehl

- Kartoffelpüree

- Milchprodukte wie Joghurt, Käse, Buttermilch und Quark

- Pudding

- polierter Reis

- Zwieback

- Obstkompott mit wenig Zellstoff

- Gemüse- und Fruchtsäfte mit wenig Zellstoff

- Suppen (Gemüsesuppe oder Brühe)

Säfte

Ausgepresster Obstsaft

Zutaten:

1 Grapefruit, 2 Bananen, 2 Apfelsinen, 2 EL Reissirup, 0,2 l Sojamilch

Zubereitung:

Pressen Sie die Apfelsinen und die Grapefruit mit einer Saftpresse aus. Entfernen Sie die Schale der Bananen. Geben Sie die kleingeschnittenen Bananenstücke zusammen mit dem ausgepressten Saft in eine Schüssel. Fügen Sie den Reissirup und die Sojamilch hinzu.

Mit einem Stabmixer rühren Sie den Saft um. Servieren Sie den Saft am besten frisch.

Orangen-Buttermilchsaft

Zutaten:

500 ml Buttermilch, 4 Apfelsinen, 4 EL Honig

Zubereitung:

Pressen Sie die Apfelsinen mit der Saftpresse aus, und vermixen Sie den fruchtfleischfreien Orangensaft mit der Buttermilch und dem Honig.

Grapefruitmilch

Zutaten:

1 Grapefruit, 1/8 l Buttermilch, 1 TL Honig

Zubereitung:

Pressen Sie die Grapefruit mit der Saftpresse aus, und mixen Sie den Saft mit der Buttermilch und dem Honig.

Bananen-Orangensaft

Zutaten:

3 Bananen, Saft von ½ Apfelsine, 1 TL Honig, etwas kohlensäurefreies Wasser

Zubereitung:

Schälen Sie die Bananen, und schneiden Sie sie in kleine Stücke. Anschließend zerdrücken Sie diese mit einer Gabel. Geben Sie den fruchtfleischfreien Saft von ½ Apfelsine und den Honig hinzu, und verrühren Sie alles. Füllen Sie den Saft nach Belieben mit kohlensäurefreiem Wasser auf.

Apfel-Milchshake

Zutaten:

60 ml Apfelsaft, 300 ml Reismilch, ½ TL Reissirup

Zubereitung:

Vermengen Sie den Apfelsaft mit der Reismilch, und schmecken Sie den Saft mit etwas Reissirup ab.

Mango-Apfelsaft

Zutaten:

1 Mango, 4 EL Apfelsaft, 150 ml Sojamilch, 1 TL Zitronensaft

Zubereitung:

Schälen Sie die Mango, und entfernen Sie den Kern. Schneiden Sie das Fruchtfleisch in Würfel. Geben Sie die Würfel zusammen mit dem Apfelsaft, dem Zitronensaft und der Sojamilch in eine Schüssel, und pürieren Sie alles.

Bananen-Milch

Zutaten:

2 Bananen, ¾ l Buttermilch, 1 EL Honig

Zubereitung:

Schälen Sie die Bananen, und schneiden Sie sie klein. Geben Sie die Bananenstücke mit der Buttermilch in eine Schüssel, und pürieren Sie mit einem Stabmixer. Schmecken Sie die Bananenmilch mit Honig ab.

Apfelsinen-Möhrensaft

Zutaten:

1 Apfelsine, 3 Möhren, 400 ml Sojamilch, 1 EL Reissirup oder Honig

Zubereitung:

Entsaften Sie die Apfelsine und die Möhren im Entsafter. Vermengen Sie den Saft anschließend mit der Sojamilch. Schmecken Sie den Saft mit etwas Reissirup oder Honig ab.

Apfel-Birnensaft

Zutaten:

2 Äpfel, 2 Birnen, etwas Zitronensaft

Zubereitung:

Waschen Sie die Äpfel und Birnen, schneiden Sie sie in Viertel und entfernen die Kerngehäuse. Entsaften Sie das Obst im Entsafter, und rühren Sie anschließend etwas Zitronensaft unter.

Milchshake mit gemischtem Obst

Zutaten:

½ Apfel, 1 Banane, 3 Aprikosen, 200 ml Milch, 3 EL Honig, 500 ml Naturjoghurt

Zubereitung:

Entkernen Sie die Aprikosen und die Apfelhälfte, und schälen Sie die Banane. Schneiden Sie das Obst in kleine Stücke, und geben Sie diese zusammen mit den anderen Zutaten in eine Schüssel. Mixen Sie alles, bis es schaumig ist.

Möhren-Sauerkrautsaft

Zutaten für 4 Personen:

1 kg Möhren, 1 Flasche Sauerkrautsaft

Zubereitung:

Bürsten Sie die Möhren gründlich, und waschen Sie sie ab. Entsaften Sie die Möhren mit einem Entsafter, und verrühren Sie den Möhrensaft anschließend mit dem Sauerkrautsaft.

Orangen-Bananen-Shake

Zutaten:

2 Apfelsinen, 2 Bananen, 100 ml fettarmer Joghurt, 2 EL Honig, 250 ml Hafermilch

Zubereitung:

Schälen Sie die Bananen und die Apfelsinen, und schneiden Sie das Fruchtfleisch in Stücke. Geben Sie das Obst mit der Hafermilch und dem Joghurt in eine Schüssel, und pürieren Sie alles mit einem Stabmixer. Schmecken Sie den Saft mit etwas Honig ab.

Rote Bete Saft

Zutaten:

2 Knollen Rote Bete, 1 Apfel, 2 Möhren

Zubereitung:

Schälen und waschen Sie die Rote Bete. Die Möhren werden gründlich abgebürstet. Schneiden Sie den Apfel in Viertel, und entfernen Sie das Kerngehäuse. Entsaften Sie alle Zutaten im Entsafter.

Gemüsesuppe mit Champignons

Zutaten:

700 g Kartoffeln, je 100 g Möhren, Sellerie und Porree, 1,5 l Gemüsebrühe, 200 g frische Champignons, 1 Zwiebel, etwas Rosmarin, Salbei, Thymian, Salz, Pfeffer und Dill

Zubereitung:

Schälen und waschen Sie die Kartoffeln und das Gemüse. Schneiden Sie alles in Würfel, und geben Sie es anschließend in die mit Rosmarin, Salbei und Thymian aufgekochte Gemüsebrühe. Garen Sie die Suppe 20 Minuten in einem geschlossenen Topf. Anschließend pürieren Sie die Suppe mit einem Stabmixer. Schneiden Sie die Zwiebel in Würfel, und dünsten Sie sie in heißem Öl an.

Reinigen Sie die Champignons, und schneiden Sie sie in Scheiben. Geben Sie die Champignons zu den Zwiebeln. Garen Sie diese weitere 4 Minuten. Geben Sie die Pilze jetzt zur Suppe, und schmecken Sie sie anschließend mit etwas Salz und Pfeffer ab. Bevor Sie die Suppe servieren, bestreuen Sie sie mit etwas Dill.
Wenn Ihr Darm noch sehr sensibel reagiert, verzichten Sie auf die Champignons.

Kartoffel-Lauch-Cremesuppe

Zutaten:

300 g Kartoffeln, 2 Stangen Lauch, 1 l Gemüsebrühe, 1 Knoblauchzehe, 2 Lorbeerblätter, 150 ml Crème fraiche, etwas Salz und Pfeffer

Zubereitung:

Die Kartoffeln werden geschält, gewaschen und in Würfel geschnitten. Putzen und halbieren Sie die Lauchstangen. Dann schneiden Sie den Lauch in feine Halbringe.

Bringen Sie die Brühe zum Kochen. Geben Sie die Kartoffeln, den zerkleinerten Knoblauch, den Lauch und die Lorbeerblätter hinzu. Lassen Sie die Brühe dann ca. 20 Minuten kochen, und streichen Sie sie danach durch ein Sieb.

Jetzt kochen Sie die Brühe erneut auf und schmecken sie mit etwas Salz und Pfeffer ab. Rühren Sie Crème fraiche ein, und schmecken Sie nochmals mit Salz und Pfeffer ab.

Hafersuppe mit Parmesankäse

Zutaten:

4 EL feine Haferflocken, 1,5 l Gemüsebrühe, Parmesankäse, 2 Eigelb

Zubereitung:

Lösen Sie die Haferflocken in der kalten Brühe auf. Danach kochen Sie die Brühe auf und garen sie ca. 30 Minuten.

Entnehmen Sie 3 EL Brühe, und verschlagen Sie damit die Eigelbe. Verrühren Sie sie anschließend mit der Suppe.

Sie nehmen den Topf vom Herd und verteilen die Suppe portionsweise auf Teller. Streuen Sie Parmesankäse darüber.

Pariser Käsecremesuppe

Zutaten:

1 große Zwiebel, 30 g Margarine, 40 g Mehl, ¼ l Wasser, 1 l Brühe, 4 Ecken Schmelzkäse, etwas Salz und Fett

Zubereitung:

Schneiden Sie die Zwiebel in Würfel, und dünsten Sie diese in heißem Fett glasig. Fügen Sie das Mehl hinzu. Lassen Sie die Zwiebeln durchschwitzen und füllen dann ¼ l Wasser hinzu.

Geben Sie dann den Schmelzkäse hinzu, und lassen Sie diesen unter ständigem Rühren schmelzen. Sobald der Käse aufgelöst ist, gießen Sie die Brühe hinzu und schmecken die Suppe mit den Gewürzen ab.

Pürierte Mandel-Kartoffelsuppe

Zutaten:

500 g Kartoffeln, 100 ml Mandelmus, 1 l Gemüsebrühe, 1 große Zwiebel, 25 g Butter, Saft von ½ Zitrone, etwas Salz und Pfeffer

Zubereitung:

Zerhacken Sie die geschälte Zwiebel in kleine Würfel, und dünsten Sie diese in der zerlassenen Butter kurz an. Geben Sie dann die gewürfelten Kartoffeln, die Gemüsebrühe und das Mandelmus hinzu. Kochen Sie die Suppe ca. 25 Minuten auf mittlerer Hitze.

Geben Sie dann den Zitronensaft und etwas Salz und Pfeffer hinzu. Verrühren Sie alles mit einem Stabmixer.

Rote-Bete-Suppe

Zutaten für 4 Personen:

1 kg Rote Bete, 800 ml Gemüsebrühe, 2 l Salzwasser, 2 Äpfel, 200 ml saure Sahne, 2 Zwiebeln, ¼ l Apfelsaft, 2 Eier, etwas Dill, 2 EL Öl, etwas Salz, Pfeffer, Rohrzucker und Balsamico-Essig

Zubereitung:

Waschen Sie die Rote Bete gründlich, und kochen Sie sie anschließend mit Schale ca. 50 Minuten im kochenden Salzwasser. Anschließend schneiden Sie die Rote Bete in Würfel.

Schneiden Sie auch die Zwiebeln in Würfel, und dünsten Sie diese in heißem Öl an, bis sie glasig sind. Geben Sie eine Hälfte der Rote-Bete-Würfel hinzu.

Gießen Sie jetzt die Gemüsebrühe auf, und bringen Sie sie zum Kochen. Danach lassen Sie sie ca. 20 Minuten auf kleiner Stufe köcheln. Anschließend pürieren Sie die Zutaten mit einem Stabmixer. Schmecken Sie die Suppe mit etwas Pfeffer, Salz, Rohrzucker und Balsamico-Essig ab.

Jetzt waschen Sie die Äpfel, vierteln diese und entfernen das Kerngehäuse. Schneiden Sie das Fruchtfleisch in Würfel, und garen Sie dieses 2 Minuten im Apfelsaft. Geben Sie die Apfelwürfel zusammen mit den restlichen Rote-Bete-Würfeln zur Suppe und rühren diese kräftig um.

Dekorieren Sie die Suppe mit etwas Dill und den in Hälften geschnittenen hart gekochten Eiern.

Rucola-Suppe

Zutaten für 1 Portion:

50 g Rucola, 200 ml Gemüsebrühe, 2 EL Kresse, 2 TL Sauerrahm, 1 TL Butter, etwas Salz, Pfeffer und Zitronensaft, 1 TL Speisestärke

Zubereitung:

Die Zwiebeln werden klein geschnitten und im erhitzten Fett angedünstet. Geben Sie die Gemüsebrühe hinzu, und lassen Sie alles aufkochen. Der Rucola und die Kresse werden gereinigt und kleingehackt und anschließend zu der Gemüsebrühe gegeben. Lassen Sie die Brühe weitere 5 Minuten köcheln.

Dann wird die Speisestärke in etwas Wasser aufgelöst und zur Suppe gegeben. Nachdem Sie nochmals alles kurz aufgekocht haben, vermixen Sie die Zutaten mit einem Stabmixer. Abschließend schmecken Sie die Suppe mit dem Sauerrahm und etwas Zitronensaft, Salz und Pfeffer ab.

Füllen Sie die Suppe portionsweise auf Teller und garnieren diese mit dem angebratenen Schinken.

Cremige Möhrensuppe

Zutaten für 2 Personen:

350 g Möhren, 100 ml Sahne, 400 ml Gemüsebrühe, ½ Zwiebel, ½ Bund Schnittlauch, etwas Butter, Salz und Pfeffer

Zubereitung:

Dünsten Sie die fein gehackten Zwiebelwürfel in einer mit Butter erhitzten Pfanne glasig. Geben Sie dann die in Würfel geschnittenen Möhren hinzu, und kochen Sie diese kurz auf. Gießen Sie Gemüsebrühe hinzu, und lassen Sie die Suppe bei niedriger Temperatur ca. 10 Minuten lang köcheln.

Pürieren Sie die Suppe mit einem Stabmixer, anschließend gießen Sie die Sahne unter. Schmecken Sie mit etwas Salz und Pfeffer ab. Die angerichtete Suppe dekorieren Sie mit dem fein gehackten Schnittlauch.

Kürbiscremesuppe mit Kresse

Zutaten:

500 g Kürbisfleisch, ½ l Gemüsebrühe, 1 Zwiebel, 1 Knoblauchzehe, 1 Fleisch-
tomate, 20 g Butter, 100 ml Sahne, etwas Kresse, 1 Scheibe Vollkorntoast

Zubereitung:

Schneiden Sie das Kürbisfleisch in Würfel, und hacken Sie die Zwiebel und den
Knoblauch klein. Überbrühen Sie die Tomate, und ziehen Sie dann die Schale
ab. Schneiden Sie sie in Viertel und entfernen die Kerne. Schneiden Sie das
Fruchtfleisch dann in Würfel.

Erhitzen Sie die Butter, und dünsten Sie die Kürbis-, Zwiebel- und Knoblauchwürfel darin. Dünsten Sie alles kurz an. Fügen Sie dann die Tomatenwürfel
hinzu, und dünsten Sie diese ebenfalls.

Gießen Sie anschließend die Brühe an, kochen diese kurz auf und lassen diese
bei kleinerer Stufe ca. 25 Minuten lang kochen. Dann pürieren Sie die Suppe
mit einem Stabmixer und streichen sie durch ein Sieb. Kochen Sie sie dann
auf, und fügen Sie die Sahne und etwas Salz und Pfeffer hinzu.

Für die Croutons schneiden Sie getoastetes Vollkorntoastbrot in kleine Würfel.
Erhitzen Sie die Butter und rösten darin die Brotwürfel goldbraun. Geben Sie
die Suppe portionsweise auf Teller, und dekorieren Sie diese mit den Croutons
und etwas Kresse.

Wenn Ihr Darm noch sehr empfindlich ist, verzichten Sie auf die Croutons und
die Kresse.

Süße Apfel-Reissuppe

Zutaten:

100 g Reis, 400 ml Milch, Wasser, 1 Apfel, 2 EL Honig, etwas Salz

Zubereitung:

Gießen Sie 400 ml Wasser und die Milch in einen Kochtopf, und geben Sie den Reis und etwas Salz hinzu. Kochen Sie den Reis gar.

Schälen und vierteln Sie den Apfel. Entfernen Sie das Kerngehäuse, und schneiden Sie die Apfelviertel in kleine Würfel. Dünsten Sie diese mit der Zugabe von etwas Wasser in einem Kochtopf.

Geben Sie die gegarten Apfelstücke anschließend zu dem fertigen Milchreis, und rühren Sie die Suppe um. Schmecken Sie mit etwas Honig ab.

Milchsuppe mit Schneebergen

Zutaten:

1 l Milch, 3 Eier, 4 EL Reis, 2 – 3 EL Reissirup, 1 Vanilleschote

Zubereitung:

Kochen Sie die Milch mit dem Reis und der Vanilleschote auf, und schmecken Sie anschließend mit dem Reissirup ab.

Schlagen Sie in einer separaten Schüssel das Eiweiß zu festem Eischnee. Nehmen Sie mit einem Esslöffel portionsweise Eischnee, und setzen diesen auf die kochende Milch.

Die fertig gekochten Schneeberge nehmen Sie aus der Suppe heraus und ‚parken' sie auf einem Teller. Geben Sie dann das Eigelb zu der Milchsuppe, und rühren Sie kräftig um.

Füllen Sie die fertige Suppe auf Teller, und dekorieren Sie diese mit den Schneebergen. Die Milchsuppe kann warm oder kalt serviert werden.

Apfel-Kaltschale

Zutaten:

2 Äpfel, ½ l Apfelsaft, ½ l Traubensaft, 250 ml Wasser, 20 g Speisestärke, Saft von ½ Zitrone, 2 – 3 EL Reissirup

Zubereitung:

Geben Sie den Apfelsaft, Traubensaft, Zitronensaft und 250 ml Wasser in einen Kochtopf, und bringen den Saft zum Kochen.

Schälen Sie die Äpfel, schneiden Sie diese in Viertel, und entfernen Sie die Kerngehäuse. Geben Sie die Apfelstücke zum Saft, und köcheln Sie diesen so lange, bis die Äpfel gar sind.

Die Speisestärke vermengen Sie mit etwas Wasser und geben diese zu der Suppe. Nachdem Sie alles untergerührt haben, lassen Sie die Suppe abkühlen.

Sauerkirsch-Kaltschale

Zutaten für 2 Portionen:

300 g Sauerkirschen, 150 ml Kirschsaft, 150 ml Orangensaft, 50 ml Schlagsahne, 50 g Speisestärke, 2 – 3 EL Reissirup, 1 EL feine Haferflocken

Zubereitung:

Geben Sie den Orangen- und Kirschsaft in einen Topf, und kochen Sie den Saft auf. Fügen Sie dann den Reissirup und die Speisestärke hinzu, und verrühren Sie alles. Lassen Sie den Topf zugedeckt bei niedriger Temperatur etwa 10 Minuten köcheln.

Dann rühren Sie die Kirschen unter und lassen die Suppe weitere ca. 8 Minuten köcheln. Verteilen Sie die Suppe portionsweise auf Teller, und lassen Sie sie im Kühlschrank abkühlen.

Vor dem Servieren schlagen Sie die Sahne steif und dekorieren die Suppe mit der Sahne und den Haferflocken.

Überbackenes Kartoffelpüree

Zutaten:

1 kg Kartoffeln, 50 g Butter, ½ Bund Schnittlauch, ¼ l heiße Milch, 3 EL geriebener Emmentaler, 1 Eigelb, 1 EL Reissirup, etwas Muskatnuss und Salz

Zubereitung:

Schälen und waschen Sie die Kartoffeln. Garen Sie sie ca. 25 Minuten in Salzwasser, und drücken Sie sie anschließend durch eine Kartoffelpresse.
Geben Sie die pürierten Kartoffeln in einen Topf, geben Sie die Milch, die Hälfte der Butter und das Eigelb hinzu. Rühren Sie ständig bei schwacher Hitze.
Schmecken Sie das Püree mit Reissirup, Salz und Muskat ab. Rühren Sie so lange mit dem Schneebesen, bis das Püree cremig ist.

Geben Sie etwas Püree in einen Spritzbeutel. Den Rest füllen Sie in eine zuvor eingefettete Auflaufform und streichen die Püreeoberfläche glatt. Mit dem Spritzbeutel kreieren Sie einen Rand. Bestreuen Sie das Püree mit Käse und Butterflöckchen, die Sie aus der restlichen Butter formen.

Backen Sie das Kartoffelpüree ca. 15 Minuten bei 200 °C. Währenddessen waschen Sie den Schnittlauch mit kaltem Wasser, trocknen es ab und schneiden es klein. Sobald Sie das Püree aus dem Backofen nehmen, verteilen Sie den Schnittlauch darauf. Das Püree wird heiß in der Auflaufform serviert.

Kartoffelpüree klassisch

Zutaten:

600 g Kartoffeln mehlig kochend, 50 g Butter, ¼ l Milch, etwas Salz und Muskat

Zubereitung:

Kochen Sie die Kartoffeln als Pellkartoffeln gar. Entfernen Sie anschließend die Schale, und geben Sie die Kartoffeln in ein Sieb. Gießen Sie die Milch in einen Topf, und erhitzen Sie sie. Geben Sie die Butter, das Salz und das Muskat zu der Milch, und verrühren Sie alles.

Drücken Sie jetzt die Kartoffeln durch eine Kartoffelpresse (oder mit einem Kartoffelstampfer sehr gut zerdrücken), und geben Sie die Kartoffelmasse anschließend zu der Milch. Rühren Sie das Kartoffelpüree gründlich um, und geben Sie noch etwas Milch hinzu, falls das Püree noch zu trocken sein sollte.

Käse-Kartoffelpüree

Zutaten:

500 g mehlig kochende Kartoffeln, 25 g Butter, 50 g Parmesan, 120 ml Milch, etwas Schnittlauch, Salz und Muskat

Zubereitung:

Kochen Sie die Kartoffeln als Pellkartoffeln gar. Entfernen Sie anschließend die Schale, und geben Sie die Kartoffeln in ein Sieb. Gießen Sie die Milch in einen Topf, und erhitzen Sie sie. Geben Sie die Butter, das Salz und das Muskat zu der Milch, und verrühren Sie alles.

Drücken Sie jetzt die Kartoffeln durch eine Kartoffelpresse (oder mit einem Kartoffelstampfer sehr gut zerdrücken), und geben Sie die Kartoffelmasse anschließend zu der Milch. Rühren Sie den geriebenen Parmesankäse und den klein geschnittenen Schnittlauch unter, und geben Sie noch etwas Milch hinzu, falls das Püree noch zu trocken sein sollte.

Rote-Bete-Creme

Zutaten:

250 g Rote Bete, 1 kleine Zwiebel, 180 ml Gemüsebrühe, 2 EL Sahne, 1 EL Haferkleie, 1 EL Pflanzenöl, etwas Salz und Pfeffer

Zubereitung:

Schälen und reinigen Sie die Rote Bete, und schneiden Sie sie in Würfel. Zusammen mit der geschälten Zwiebel dünsten Sie sie in dem Pflanzenöl.

Geben Sie dann die Gemüsebrühe hinzu, und garen Sie alles ca. 15 Minuten. Jetzt pürieren Sie das Gemüse und geben anschließend 1 EL Haferkleie hinzu. Schmecken Sie die Suppe mit etwas Salz und Pfeffer ab.

Vor dem Servieren dekorieren Sie die Creme mit etwas Sahne.

Möhrencreme

Zutaten:

350 g Möhren, 1 kleine Zwiebel, ¼ l Milch, ¼ l Gemüsebrühe, ¼ l Orangensaft, 3 EL Crème fraiche, 2 EL feine Haferflocken, etwas Butter, Salz und Pfeffer

Zubereitung:

Dünsten Sie die in Würfel geschnittene Zwiebel in der zerlassenen Butter an. Geben Sie die Milch und die abgeschabten Möhren hinzu. Köcheln Sie dies ca. 20 Minuten bei mittlerer Hitze und zugedecktem Topf.

Pürieren Sie das gare Gemüse mit einem Stabmixer, und geben Sie dann die Gemüsebrühe, Crème fraiche, Haferflocken und den Orangensaft hinzu. Schmecken Sie die Möhrencreme mit etwas Salz und Pfeffer ab.

Nudeln mit Tomatensoße

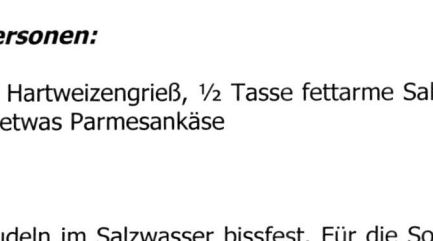

Zutaten:

100 g Nudeln aus Hartweizengrieß, ¼ Tube Tomatenmark, etwas Paprika-pulver, Parmesankäse, Salz, Pfeffer

Zubereitung:

Kochen Sie die Nudeln im Salzwasser bissfest. Für die Soße verrühren Sie das Tomatenmark mit ca. 50 ml Wasser. Kochen Sie die Soße kurz auf, und schmecken Sie sie mit etwas Paprikapulver, Salz und Pfeffer ab. Gießen Sie die Soße auf die angerichteten Nudeln, und streuen Sie etwas Parmesankäse darüber.

Nudeln mit Currysoße

Zutaten für 2 Personen:

200 g Nudeln aus Hartweizengrieß, ½ Tasse fettarme Sahne, 15 ml Apfelsaft, 2 TL Currypulver, etwas Parmesankäse

Zubereitung:

Kochen Sie die Nudeln im Salzwasser bissfest. Für die Soße verrühren Sie die Sahne mit dem Apfelsaft und erhitzen dies im Topf. Schmecken Sie die Sahne mit dem Currypulver ab. Gießen Sie die Soße auf die angerichteten Nudeln, und streuen Sie etwas Parmesankäse darüber.

Nudeln mit Avocadosoße

Zutaten für 2 Personen:

200 g Nudeln aus Hartweizengrieß, 100 ml fettarme Sahne, 50 ml fettarme Milch, 1 Avocado, 1 EL Zitronensaft, etwas Parmesankäse, Salz und Pfeffer

Zubereitung:

Kochen Sie die Nudeln im Salzwasser bissfest.

Für die Soße verrühren Sie die Sahne mit der Milch und kochen sie auf. Geben Sie dann das Fruchtfleisch der Avocado hinzu, und pürieren Sie dieses mit einem Stabmixer. Schmecken Sie die Soße mit dem Zitronensaft und etwas Salz und Pfeffer ab.

Gießen Sie die Soße auf die angerichteten Nudeln, und streuen Sie etwas Parmesankäse darüber.

Forelle im Bratschlauch

Zutaten für 1 Person:

1 Forelle, etwas Salz und Pfeffer

Zubereitung:

Waschen und trocknen Sie die frische Forelle ab. Salzen Sie sie dann innen und außen, und geben Sie sie zusammen mit etwas Wasser in einen Bratschlauch. Backen Sie die Forelle ca. 20 Minuten im vorgeheizten Backofen bei 180 °C. Schalten Sie den Backofen aus, und lassen Sie die Forelle weitere ca. 10 Minuten ruhen.

Die Forelle schmeckt gut zu Weißbrot oder poliertem Reis.

Seezungenfilet

Zubereitung:

200 g Seezungenfilet, Saft von 1 Zitrone, ½ kleine Zwiebel, etwas Butter, Salz und Pfeffer

Zubereitung:

Reiben Sie das gewaschene Seezungenfilet mit dem Zitronensaft ein. Lassen Sie es anschließend ca. 30 Minuten ziehen. Legen Sie das Filet dann in eine mit Butter eingefettete Auflaufform, und geben Sie die in kleine Würfel geschnittene Zwiebel hinzu. Würzen Sie mit etwas Salz und Pfeffer.

Geben Sie die Auflaufform bei mittlerer Hitze für ca. 20 Minuten in den Backofen.

Die Forelle schmeckt gut zu Weißbrot oder parboiled Reis.

Putengeschnetzel

Zutaten:

300 g Putenfilet, etwas Salz und Pfeffer

Zubereitung:

Das Putenfleisch wird in dünne Streifen geschnitten und anschließend mit Salz und Pfeffer gewürzt. Geben Sie das Fleisch mit etwas Wasser in einen Bratschlauch, und backen Sie es ca. 20 Minuten im Backofen.

Das Putengeschnetzel schmeckt gut zu poliertem Reis oder Nudeln aus raffiniertem Mehl.

Schinkennudelauflauf

Zutaten:

1 l Wasser, 250 g Hartweizennudeln, 130 g fettarmer Gouda, 125 ml fettarme Sahne, 2 Eier, 1/8 l fettarme Milch, 200 g gekochter Schinken, 1 TL Salz, etwas Paniermehl, Muskat und Salz

Zubereitung:

Kochen Sie die Nudeln nach Packungsbeilage gar. Gießen Sie dann das Wasser ab, und geben Sie die Hälfte der Nudeln in eine eingefettete Auflaufform. Schneiden Sie den Schinken in Würfel, und verteilen Sie diese mit der Hälfte des Goudakäses in der Auflaufform. Decken Sie den Schinken und Käse mit den restlichen Nudeln ab.

Vermixen Sie die Milch mit den Eiern, der Sahne und den Gewürzen. Gießen Sie die Soße anschließend über den vorbereiteten Auflauf. Verteilen Sie das Paniermehl zusammen mit den Butterflöckchen auf dem Auflauf.

Die Auflaufform setzen Sie jetzt in den kalten Backofen und backen ihn 40 Minuten lang bei einer Temperatur von 225 °C.

Gedünstete Hähnchenkeule

Zutaten für 2 Portionen:

2 Hähnchenkeulen, 100 ml Hühnerbrühe, 4 Lorbeerblätter, 1 kleine Zwiebel, etwas Salz und Pfeffer

Zubereitung:

Waschen und trocknen Sie die Hähnchenkeulen. Schneiden Sie sichtbares Fett ab. Würzen Sie sie mit etwas Salz und Pfeffer. Geben Sie die Hühnerbrühe in einen flachen Topf, und kochen Sie sie auf.

Legen Sie die Hähnchenkeulen mit der Haut nach oben in die Brühe, geben Sie die Lorbeerblätter und die in kleine Würfel gehackte Zwiebel hinzu. Dünsten Sie die Schenkel ca. 40 Minuten, bis sie gar sind. Die Hähnchenschenkel schmecken gut zu poliertem Reis und faserarmem Apfelmus.

Quark- und Puddingspeisen – Einführungsphase

Thunfischpaste

Zutaten:

1 Dose Thunfisch, 250 g Magerquark, 1 kleines Stück Gurke, etwas Schnittlauch, Salz, Pfeffer und Muskat

Zubereitung:

Entkernen Sie das Gurkenstück, und schneiden Sie dieses in kleine Würfel.

Füllen Sie den Thunfisch in eine Schale, und zerdrücken Sie ihn mit einer Gabel. Geben Sie dann den Quark, die Gurkenwürfel und den klein geschnittenen Schnittlauch hinzu und verrühren alles. Schmecken Sie die Thunfischpaste mit Muskat, Salz und Pfeffer ab.

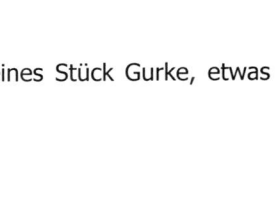

Gurken-Quark

Zutaten für 4 Personen:

750 g Magerquark, 1 große Gurke, Saft von 1 Zitrone, Salz, Pfeffer

Zubereitung:

Schälen und halbieren Sie die Gurke. Schaben Sie die Kerne mit einem Löffel aus, und raspeln Sie die Gurkenhälften dann mit einer Gemüsereibe. Drücken Sie die Raspeln anschließend gut aus.

Verrühren Sie den Quark mit dem ausgepressten Zitronensaft, würzen Sie ihn anschließend mit Salz und Pfeffer. Heben Sie die Gurkenraspeln unter, und würzen Sie mit etwas Salz und Pfeffer.

Bewahren Sie den Gurken-Quark bis zum Verzehr im Kühlschrank auf. Der Quark schmeckt gut als Brotaufstrich auf Toastbrot (aus Weißmehl).

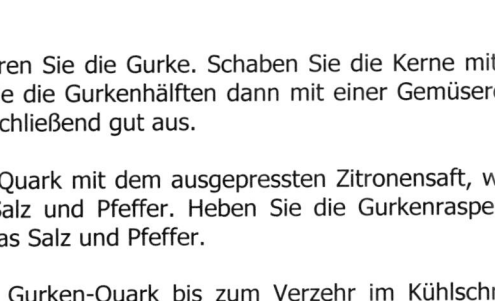

Bananenquark

Zutaten:

250 g Magerquark, 5 EL Honig, 4 EL Milch, 1 reife Banane

Zubereitung:

Pürieren Sie die Banane mit einem Stabmixer, und verrühren Sie sie anschliessend mit den restlichen Zutaten.

Apfelpudding

Zutaten für 3 Personen:

0,5 l Apfelsaft, ½ Becher Sahne, 1 Tüte Vanillepuddingpulver, 3 EL Honig

Zubereitung:

Rühren Sie das Puddingpulver mit etwas Apfelsaft und dem Honig an. Kochen Sie den restlichen Apfelsaft auf, und rühren Sie dann das vorbereitete Puddingpulver unter. Lassen Sie alles kurz aufkochen und anschließend unter gelegentlichem Umrühren abkühlen. Sobald der Pudding erkaltet ist, heben Sie die steif geschlagene Sahne unter.

Apfel-Quark

Zutaten:

500 g Magerquark, 1 Becher fettarme Sahne, 200 ml Apfelsaft, ½ Apfel

Zubereitung:
Dünsten Sie den geschälten und entkernten Apfel, und stampfen Sie ihn zu feinem Apfelmus. Verrühren Sie dann alle Zutaten zu einer cremigen Quarkspeise.

Melonen-Sanddornquark

Zutaten:

250 g Magerquark, 50 g entkernte Wassermelone, 2 EL Sanddornsirup, 1 EL Honig

Zubereitung:

Zerdrücken Sie das entkernte Melonenfruchtfleisch gründlich mit einer Gabel. Vergewissern Sie sich, dass wirklich keine Kerne vorhanden sind. Verrühren Sie das Melonenpüree anschließend mit den restlichen Zutaten.

Vanillequark

Zutaten:

250 g Magerquark, 1 Tüte Vanillepuddingpulver, 4 EL Honig, 0,5 l Magermilch

Zubereitung:

Verrühren Sie 6 EL Milch mit dem Puddingpulver und Honig. Die restliche Milch kochen Sie auf und nehmen sie dann von der Herdplatte. Rühren Sie das Puddingpulver unter, und kochen Sie die Milch nochmals unter stetigem Rühren auf. Anschließend verrühren Sie den Quark mit dem Pudding.

Orangenquark

Zutaten:

500 g Magerquark, 150 ml Orangensaft

Zubereitung:

Verrühren Sie den Magerquark mit dem Orangensaft, und servieren Sie den fertigen in 2 Dessertschälchen.

Ernährung in der chronischen Phase

Wenn Sie die akute Phase und die ‚Schonzeit' für Ihren Darm erfolgreich hinter sich gebracht haben, kann Ihr Arzt Ihnen empfehlen, Ihre Ernährungsweise auf ballaststoffreiche Lebensmittel umzustellen. In vielen Fällen beginnt man ca. 4 bis 6 Wochen nach dem Schub mit der langsamen Ernährungsumstellung. Sollten Sie sich dennoch nach dem Essen von ballaststoffreichen Lebensmitteln unwohl fühlen, reduzieren Sie Ihr Schritttempo, und lassen Sie sich etwas mehr Zeit für die Umstellung.

Ziel der ballaststoffreichen Ernährung während der chronischen Phase ist es, erneuten Entzündungen vorzubeugen, indem für eine regelmäßige Verdauung und eine verkürzte Stuhlpassagezeit im Darm gesorgt wird. Dies wird durch die Ballaststoffe erreicht, weil diese gar nicht oder nur teilweise im Dünndarm verdaut werden. Sie gelangen während des Verdauungsprozesses weiter in den Dickdarm, wo sie für eine verbesserte Darmtätigkeit sorgen. Außerdem führen die Ballaststoffe zu einer Erhöhung der Stuhlmasse und einer Senkung des Drucks im Darm.

Wie bereits erwähnt, sollten Sie eine Ernährungsumstellung auf eine ballaststoffreiche Kost sehr vorsichtig angehen. Da Ihr Darm bisher wahrscheinlich nicht an eine Verarbeitung von ballaststoffreichen Lebensmitteln gewöhnt ist, würden Sie ihn mit einer radikalen Umstellung überfordern. Verzichten Sie in der ersten Zeit Ihrer Ernährungsumstellung besonders auf blähungsfördernde Lebensmittel, auf ganze Nüsse, Trockenfrüchte und Körner. Je mehr sich Ihr Darm erholt, desto mehr Lebensmittel können Sie im Laufe der Zeit in Ihren Ernährungsplan einbauen. Wenn Sie beispielsweise direkt nach der Schonkost noch sehr große Probleme mit einer bestimmten Gemüsesorte haben, verzichten Sie die folgenden Wochen oder sogar Monate darauf, und versuchen Sie es nach einer Weile erneut, indem Sie dann mit kleinen Portionen beginnen.

Wenn nicht mit der nötigen Sorgfalt an die Ernährungsumstellung herangegangen wird, könnte der Darm mit unangenehmen Verdauungsproblemen reagieren, die sich in Form von Blähungen, Durchfällen, unregelmäßigem Stuhl oder Bauchschmerzen äußern. Dies wird darauf zurückgeführt, dass die Ballaststoffe von Darmbakterien abgebaut werden. Die hierdurch entstehenden Gase führen dann zu den unliebsamen Blähungen. Besonders häufig werden derartige Verdauungsprobleme beobachtet, wenn zuvor sehr viele zuckerhaltige Lebensmittel verzehrt wurden. Überfordern Sie Ihren Darm also nicht durch übertriebenen Ehrgeiz nach dem Motto ‚Viel hilft viel'. Beginnen Sie mit kleinen Mengen an Ballaststoffen, und steigern Sie diese kontinuierlich. Je mehr sich Ihr Darm an diese Ernährungsweise gewöhnt, desto mehr werden die eventuell auftretende Verdauungsprobleme wie Blähungen im Laufe der

Zeit nachlassen. Das bedeutet, dass Sie mit der Zeit zunehmend mehr Ballaststoffe vertragen, je mehr sich Ihr Körper an diese Nahrungsmittel gewöhnt. So können Sie mittelfristig das Ziel erreichen, eine tägliche Ballaststoffzufuhr von ca. 30 g zu essen. Bei einer Neigung zu Verstopfungen erhöhen Sie die Ballaststoffe auf ca. 40 g pro Tag.

Ein Tagesplan könnte beispielsweise so aussehen: 4 große Kartoffeln (7 g Ballaststoffe), 3 Äpfel (9 g Ballaststoffe), 3 Scheiben Vollkornbrot (12 g Ballaststoffe), 2 Möhren (6 g Ballaststoffe), 1 Birne (4 g Ballaststoffe).

Als besonders reichhaltig an Ballaststoffen gelten Nahrungsmittel wie Kartoffeln, Obst (insbesondere Äpfel, Bananen und Zitrusfrüchte) und Gemüse, Salate, Vollkorngetreide und Hülsenfrüchte (Erbsen, Bohnen, Linsen). Da Hülsenfrüchte bei vielen Menschen zu Blähungen führen, sollten diese allerdings vorsichtig verzehrt werden. Überhaupt sollte man ein Gespür dafür entwickeln, welche Nahrungsmittel einem bekommen und welche nicht. Sobald Sie den Eindruck haben sollten, dass Sie ein Lebensmittel nicht vertragen, verzichten Sie zumindest vorübergehend auf den Verzehr.

Parallel zu der Erhöhung der Ballaststoffe sollte man das Essen von tierischen Erzeugnissen wie Fleisch, Fisch, Wurst, Käse und Eier reduzieren, weil diese Lebensmittel nur sehr wenige oder sogar gar keine Ballaststoffe enthalten. Verzichten Sie möglichst auf Weißmehlprodukte und Zucker.

Für eine regelmäßige und problemlose Verdauung sind aber nicht nur die Ballaststoffe erforderlich, sondern auch eine ausreichende Trinkmenge von täglich 2 bis 3 Litern. Die Getränke sollten kalorienarm, alkoholfrei und möglichst ohne Koffein sein.

Nur mit einer ausreichenden Flüssigkeitsmenge können die Ballaststoffe quellen und somit für einen weicheren Stuhlgang sorgen. Wird der Körper nicht mit genügend bzw. der richtigen Flüssigkeit versorgt, bewirken die Ballaststoffe genau das Gegenteil von dem, was man eigentlich mit ihnen erreichen möchte: Bei einem zu geringen Flüssigkeitsverzehr oder durch die falschen Getränke verhärtet sich der Nahrungsbrei im Darm, was zu Verstopfungen führen kann. Zu den verstopfungsfördernden Getränken zählen insbesondere schwarzer Tee und Kakao. Das wirksamste und gesündeste Getränk ist kohlensäurefreies Wasser, aber auch Kräutertees oder mit Wasser verdünnte Obst- und Gemüsesäfte sind sehr effektiv.

Der Verzehr von Ballaststoffen kann durch die Einnahme von Weizenkleie unterstützt werden. Hierdurch wird das Stuhlgewicht sehr stark erhöht, sodass eine regelmäßige Verdauung gefördert wird. Insbesondere, wenn zu Beginn der Ernährungsumstellung nur wenige ballaststoffreiche Nahrungsmittel vertragen werden, kann der Verzehr von Weizenkleie sehr hilfreich sein.

Am effektivsten ist die Weizenkleie, wenn sie nicht in gemahlener Form, sondern grob gegessen wird. Die Verzehrmöglichkeiten von Weizenkleie sind vielseitig. So kann man die Weizenkleie in einem Becher Naturjoghurt oder ins morgendliche Müsli mischen, oder sie kann beispielsweise auch über einen Salat gestreut werden. Die unbehandelte Weizenkleie wirkt effektiver als gekochte.

Als Alternative zur Weizenkleie eignen sich auch Indische Flohsamen, teilhydrolysiertes Guarkernmehl und Bulgur.

Rezepte - chronische Phase

Frühstück chronische Phase

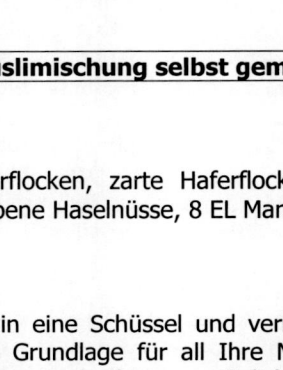

Müslimischung selbst gemacht

Zutaten:

je 300 g kernige Haferflocken, zarte Haferflocken, Amaranthpops, Hirseflocken, 200 g fein geriebene Haselnüsse, 8 EL Mandelblättchen

Zubereitung:

Geben Sie alle Zutaten in eine Schüssel und verrühren Sie sie. Sie können diese Müslimischung als Grundlage für all Ihre Müslikreationen verwenden. Variieren Sie die Mischung nach Ihren persönlichen Vorlieben und Verträglichkeiten. Ergänzen Sie das Müsli z. B. mit frischen Früchten, Joghurt oder Sahnequark.

Frischkornmüsli mit Aprikosen

Zutaten:

50 g geschroteter Dinkel, 30 ml Dickmilch, 100 ml Milch, 50 g klein geschnittene frische Aprikosen, 1 EL Honig

Zubereitung:

Weichen Sie den geschroteten Dinkel in der Milch ein, und lassen Sie ihn über Nacht im Kühlschrank aufquellen. Am nächsten Morgen verrühren Sie den Dinkelschrot mit der Dickmilch und dem Honig. Heben Sie anschließend die klein geschnittenen Aprikosenstückchen unter.

Apfel-Müsli

Zutaten:

½ Tasse Vollwertmüsli, 125 ml Naturjoghurt, 1 TL Honig, 1 TL geriebene Haselnüsse, 2 EL geriebener Apfel, 2 EL feine Haferflocken, Saft von ½ Zitrone

Zubereitung:

Geben Sie alle Zutaten in eine Schüssel, und vermengen Sie diese gründlich.

Sanddornsaft-Müsli

Zutaten:

1 Becher Naturjoghurt, 5 EL feine Haferflocken, 3 EL Sanddornsaft, 1 TL Reissirup, 2 EL geriebener Apfel

Zubereitung:

Geben Sie alle Zutaten in eine Schüssel, und vermengen Sie diese gründlich.

Apfel-Bananenmüsli

Zutaten:

100 g kernige Haferflocken, 6 EL Buchweizenpops, 1 Banane, 1 Apfel, 1 EL Honig, 1 EL Zitronensaft, 150 ml Joghurt, ¼ l Milch

Zubereitung:

Mischen Sie die Haferflocken mit der Milch, und lassen Sie diese zugedeckt über Nacht im Kühlschrank aufquellen. Am nächsten Morgen raspeln Sie den Apfel und zerdrücken die Banane mit einer Gabel. Geben Sie das Obst zusammen mit den Buchweizenpops, dem Zitronensaft, Joghurt und Honig zu den Haferflocken, und verrühren Sie alles.

Apfel-Mandarinen-Müsli

Zutaten:

1 Apfel, 2 Mandarinen, 1 Becher Naturjoghurt, 2 EL feine Haferflocken, 1 EL Buchweizenflocken, 1 EL geschrotete Weizenkleie, etwas Milch oder Saft von ½ Zitrone, 1 EL Honig

Zubereitung:

Waschen und raspeln Sie den ungeschälten Apfel. Schälen Sie die Mandarinen, und schneiden Sie das Fruchtfleisch klein. Geben Sie das Obst zusammen mit den restlichen Zutaten in eine Schüssel, und verrühren Sie alles.

Aprikosen-Müsli

Zutaten:

1 Becher Naturjoghurt, 4 reife Aprikosen, 3 EL grobe Haferflocken, 1 EL Reissirup, 1 EL Mandelblättchen

Zubereitung:

Waschen und entkernen Sie die Aprikosen. Schneiden Sie sie in mundgerechte Stücke, und verrühren Sie sie mit dem Joghurt, dem Reissirup und den Haferflocken. Bestreuen Sie das fertige Müsli mit den Mandelblättchen.

Mango-Ananas-Müsli

Zutaten für 4 Personen:

50 g geschroteter Dinkel, 2 Bananen, 1 Mango, ½ Ananas, 50 g frische Aprikosen, 1 Sternfrucht, 3 EL Buchweizenpops, 500 ml Sahnedickmilch, 5 EL Birnendicksaft, 4 EL Kokosraspeln, Saft von 1 Zitrone

Zubereitung:

Weichen Sie den geschroteten Dinkel in der Milch ein, und lassen Sie ihn über Nacht im Kühlschrank aufquellen.

Am nächsten Morgen verrühren Sie den Dinkelschrot mit der Dickmilch und dem Birnendicksaft.

Schälen Sie die Bananen, entfernen Sie die Schale der Mango, und lösen Sie das Fruchtfleisch von dem Kern. Von der Ananas schneiden Sie den Strunk heraus. Schneiden Sie die Aprikosen in Hälften, und entfernen Sie die Kerne.

Die Sternfrucht wird gewaschen und mit einem Küchentuch etwas abgetupft.

Schneiden Sie nun das Obst in mundgerechte Stücke, und geben Sie diese in eine Schüssel. Beträufeln Sie sie mit Zitronensaft, geben Sie die Kokosraspeln hinzu, und verrühren Sie das Obst. Vermengen Sie dann das Dinkelmüsli mit dem Obst und den Buchweizenpops.

Quarkmüsli mit gemischtem Obst

Zutaten:

Je ½ Banane, Apfel und Apfelsine, 5 EL Magerquark, 2 EL feine Haferflocken, 1 TL geschrotete Weizenkleie, 1 TL Honig, etwas Zitronensaft

Zubereitung:

Rühren Sie den Quark mit etwas Wasser und dem Honig cremig.

Schneiden Sie das Obst in kleine Scheiben, und rühren Sie diese Obststücke mit den Haferflocken und der Weizenkleie unter den Quark. Schmecken Sie das fertige Müsli mit etwas Zitronensaft ab.

Milchreis mit Avocado

Zutaten:

500 ml Milch, 1 reife Avocado, 200 g Milchreis, 4 Mandarinen, 20 g geriebene Mandeln, ½ Vanilleschote, 4 EL Reissirup, 1 Prise Salz

Zubereitung:

Bringen Sie die Milch zum Kochen, und geben Sie dann den Reis, Reissirup, die geriebenen Mandeln, das Salz und die Vanilleschote hinzu. Rühren Sie alles kräftig um, und lassen Sie es bei kleiner Hitze ca. 40 Minuten lang aufquellen.

Halbieren Sie die Avocado, entfernen Sie den Kern, und lösen Sie das Fruchtfleisch aus der Schale. Pürieren Sie dies anschließend mit einem Stabmixer.

Schälen Sie die Mandarinen, und zerkleinern Sie die Mandarinenstückchen. Geben Sie diese zusammen mit dem Avocadomus zu dem heißen Milchreis. Rühren Sie alles um, und servieren Sie den Reis heiß.

Buchweizenbrei

Zutaten:

3 EL Buchweizenflocken, 100 g Möhren, 9 EL Wasser, 1 TL Ahornsirup, 1 TL geschrotete Weizenkleie

Zubereitung:

Kochen Sie die Buchweizenflocken mit Wasser auf. Nehmen Sie den Topf dann von der Herdplatte, und lassen Sie die Flocken ca. 20 Minuten aufquellen.

Schälen und waschen Sie die Möhren. Mit einer Reibe raspeln Sie die Möhren, und geben diese zusammen mit der Weizenkleie zu den Buchweizenflocken. Schmecken Sie den Brei mit Ahornsirup ab.

Hirsebrei mit Walnüssen

Zutaten:

400 ml Wasser, 200 g Hirseflocken, 50 g geriebene Walnüsse, 2 Vanilleschoten, 3 EL Reissirup, etwas Salz und Zimt

Zubereitung:

Geben Sie das ausgeschabte Vanillemark und die leeren Vanilleschoten mit etwas Salz und Zimt in den mit Wasser gefüllten Topf und bringen diesen zum Kochen.

Dann geben Sie die Hirseflocken hinzu und köcheln auf kleiner Stufe weitere ca. 8 Minuten.

Nehmen Sie den Topf von der Platte, und lassen Sie den Hirsebrei ca. 15 Minuten lang ziehen. Dann nehmen Sie die Vanilleschoten heraus, und rühren den Reissirup und die geriebenen Walnüsse unter.

Obstbrot mit Banane und Apfel

Zutaten für 2 Portionen:

1 Banane, 1 Apfel, 1 TL Zitronensaft, 2 TL feine Haferflocken, 2 Scheiben Vollkornbrot

Zubereitung:

Schneiden Sie die geschälte Banane in Scheiben.

Schälen, vierteln und entkernen Sie den Apfel. Schneiden Sie die Viertel in dünne Scheiben, und legen Sie diese zusammen mit den Bananenscheiben auf das mit Butter bestrichene Brot. Beträufeln Sie das Obst mit etwas Zitronensaft und den Haferflocken

Avocado-Brotaufstrich

Zutaten:

1 Avocado, 2 EL Zitronensaft, 2 EL Kresse, 1 TL Currypulver, etwas Petersilie, Salz und Pfeffer

Zubereitung:

Halbieren und entkernen Sie die Avocado. Lösen Sie das Fruchtfleisch aus der Schale, und zerdrücken Sie dieses mit einer Gabel. Träufeln Sie den Zitronensaft darüber, und rühren Sie dann das Currypulver, die kleingehackte Petersilie und Kresse unter. Schmecken Sie den Brotaufstrich mit etwas Salz und Pfeffer ab.

Brokkoli-Brotaufstrich

Zutaten:

80 g Brokkoli, 1 hartgekochtes Ei, 10 grüne entsteinte Oliven, 80 g Frischkäse, ½ Bund Petersilie, 1 Knoblauchzehe, 2 EL Kürbiskernöl, 2 EL Zitronensaft, etwas Salz

Zubereitung:

Reinigen Sie den Brokkoli, und schneiden Sie ihn in mundgerechte Röschen. In kochendem Salzwasser garen Sie ihn ca. 5 Minuten. Gießen Sie das Wasser ab, und übergießen Sie den Brokkoli kurz mit kaltem Wasser.

Geben Sie das hartgekochte geviertelte Ei, die Oliven, den Brokkoli, Frischkäse, Zitronensaft und Knoblauch in eine Schüssel, und pürieren Sie diese Zutaten mit einem Stabmixer.

Die Petersilie wird fein gehackt und unter die restlichen Zutaten gezogen. Schmecken Sie den Brotaufstrich mit etwas Salz ab.

Tipp:

Dieser Brokkoliaufstrich schmeckt besonders gut zu Dinkel- und Roggenbrot.

Olivenpaste

Zutaten:

40 g Oliven, 5 g Margarine

Zubereitung:

Mixen Sie die Margarine eine Minute lang, und geben Sie danach die zerdrückten Oliven hinzu.

Kartoffelcreme-Brotaufstrich

Zutaten:

500 g mehlig kochende Kartoffeln, 1 große Zwiebel, 2 TL feine Haferflocken, 100 ml Schlagsahne, 200 ml saure Sahne, etwas Salz und Pfeffer, 1 Bund Schnittlauch

Zubereitung:

Waschen Sie die Kartoffeln gründlich ab, und kochen Sie sie als Pellkartoffeln anschließend gar. Lassen Sie sie kurz abdampfen, und entfernen Sie die Pelle. Drücken Sie die Kartoffeln durch eine Kartoffelpresse, und lassen Sie sie dann abkühlen.

Schneiden Sie die Zwiebel in kleine Würfel, und vermischen Sie diese mit den Haferflocken und den Kartoffeln. Gießen Sie dann die saure Sahne hinzu. Rühren Sie gleichmäßig, und gießen Sie soviel von der süßen Sahne hinzu, bis eine geschmeidige Kartoffelcreme entsteht. Schmecken Sie die Creme mit etwas Salz und Pfeffer ab.

Zum Servieren dekorieren Sie die Kartoffelcreme mit dem kleingeschnittenen Schnittlauch.

Tomaten-Tofu-Aufstrich

Zutaten:

200 g Tofupaste, 1 kleine Zwiebel, 1 Knoblauchzehe, 1 EL feine Haferflocken, 1 EL Olivenöl, 3 EL Tomatenmark, ¼ Bund kleingehackter Schnittlauch, etwas Zitronensaft, Salz, Pfeffer und Zucker

Zubereitung:

Schneiden Sie die Zwiebel und die Knoblauchzehe in feine Würfel. Geben Sie dann alle Zutaten in eine Schüssel, und verrühren Sie diese zu einem cremigen Brotaufstrich.

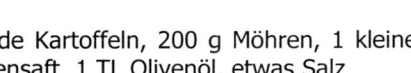

Kartoffelmöhren-Brotaufstrich

Zutaten für 6 Portionen:

250 g mehlig kochende Kartoffeln, 200 g Möhren, 1 kleine Zwiebel, ½ Bund Petersilie, 1 EL Zitronensaft, 1 TL Olivenöl, etwas Salz

Zubereitung:

Schälen und waschen Sie die Kartoffeln und Möhren. Schneiden Sie danach alles in kleine Würfel, und kochen Sie diese mit 3 EL Wasser, den abgeschnittenen Petersilienstielen und etwas Salz auf. Bei kleiner Hitze lassen Sie es ca. 15 Minuten im zugedeckten Topf garen.

Lassen Sie das Gemüse etwas abkühlen, schneiden Sie die Zwiebel in Würfel, und pürieren Sie diese Zutaten mit der restlichen Petersilie. Mischen Sie dann das Olivenöl und den Zitronensaft unter.

Grünkern-Brotaufstrich

Zutaten:

100 g geschroteter Grünkern, 3 Zwiebeln, 1 kleine Knoblauchzehe, 2 EL Butter, 3 EL Majoran, 200 g Gemüsebrühe, ½ TL Kräutersalz

Zubereitung:

Kochen Sie die Gemüsebrühe mit den fein geschnittenen Zwiebeln und der klein gehackten Knoblauchzehe auf, und rühren Sie dann den geschroteten Grünkern unter. Lassen Sie alles ca. 15 Minuten lang quellen.

Dann geben Sie die restlichen Zutaten hinzu und verrühren diese mit einem Stabmixer zu einer cremigen Paste. Schmecken Sie den Aufstrich gegebenenfalls mit etwas Pfeffer ab.

Schnittlauchquark

Zutaten:

100 g Magerquark, 1 Bund Schnittlauch, etwas Pfeffer

Zubereitung:

Reinigen Sie den Schnittlauch, und schneiden Sie ihn anschließend klein. Verrühren Sie ihn dann mit dem Quark und schmecken ihn mit etwas Pfeffer ab.

Tipp:

Der Schnittlauchquark eignet sich gut als Aufstrich für Brot und Knäckebrot. Aber auch als Dip für Gemüsestreifen ist er sehr lecker.

Zwischenmahlzeiten - chronische Phase

Spinattoast

Zutaten für 2 Portionen:

2 Scheiben Vollkorntoastbrot, 200 g tiefgekühlter Spinat, 2 Eier, etwas Salz und Petersilie

Zubereitung:

Lassen Sie den Spinat nach Angaben der Packungsvorschrift auftauen. Kochen Sie ihn auf, und schmecken Sie ihn dann mit etwas Salz ab.

Toasten Sie das Brot im Toaster. Pochieren Sie die Eier in Salzwasser, und lassen Sie sie dann abtropfen.

Geben Sie den warmen Spinat auf die Toastscheiben, legen Sie die pochierten Eier darauf, salzen Sie etwas, und bestreuen Sie die Eier mit der fein gehackten Petersilie. Servieren Sie die Toasts warm.

Baguettebrötchen mit Zucchini

Zutaten:

2 Baguettebrötchen aus Vollkornmehl, 500 g Zucchini, 4 Salatblätter, ¼ Bund Schnittlauch, ¼ Bund Basilikum, 2 EL Leinöl, 80 ml Crème fraiche, etwas Salz und Pfeffer.

Zubereitung:

Waschen Sie die Zucchini, halbieren Sie sie längsseitig, und entfernen Sie die Kerne. Schneiden Sie die Zucchini in dünne Scheiben.

Die Kräuter werden fein gehackt und mit dem Öl und etwas Salz und Pfeffer verrührt. Streichen Sie die Kräutermischung auf die Zucchinischeiben, und legen Sie diese auf ein mit Backpapier belegtes Backblech. Backen Sie die Zucchinischeiben ca. 4 Minuten beidseitig im vorgeheizten Backofen. Lassen Sie die Zucchini danach etwas abkühlen.

Für die Soße verrühren sie Crème fraiche mit etwas Salz und Pfeffer.

Toasten Sie die Baguettebrötchen, schneiden Sie sie in jeweils 2 Hälften, und lassen Sie sie etwas abkühlen, bevor Sie die gewaschenen und abgetrockneten Salatblätter auf die Baguettehälften legen.

Legen Sie die gebackenen etwas abgekühlten Zucchinischeiben auf die Salatblätter und geben Sie die Soße darüber.

Gebackene Bohnen auf Toast

Zutaten:

150 g gebackene Bohnen in Tomatensauce, 1 Scheibe Vollkornbrot, ½ TL flüssige Suppenwürze, 30 g geriebener Edamer, etwas Schnittlauch

Zutaten:

Verrühren Sie die Bohnen mit dem geriebenen Edamerkäse und der Suppenwürze. Toasten Sie das Brot, und legen Sie die noch warmen Bohnen anschließend darauf. Garnieren Sie das Toast mit etwas klein geschnittenem Schnittlauch.

Warmes Knoblauchbrot

Zutaten für 4 Portionen:

4 Vollkornbaguette-Brötchen, 250 g Frischkäse mit Kräutern, 3 Knoblauchzehen, 20 g Butter, etwas Salz und Pfeffer

Zubereitung:

Verrühren Sie den Frischkäse mit der Butter, dem zerkleinerten Knoblauch und Salz und Pfeffer.

Schneiden Sie die Baguettes in dünne Scheiben, und bestreichen Sie diese von beiden Seiten mit der Knoblauchmasse.

Setzen Sie diese Knoblauchscheiben auf einer Alufolie wieder als Baguette zusammen, und wickeln Sie die 4 Baguettes anschließend fest in die Alufolie ein.

Geben Sie die eingepackten Baguettes in den vorgeheizten Backofen. Backen Sie sie ca. 15 Minuten bei 170 °C.

Lauchzwiebeln auf Toast

Zutaten:

500 g Lauchzwiebeln, 4 Scheiben Vollkornbrot, 100 g geriebener Emmentaler, 2 EL Crème fraiche, 1 TL Senf, 1 EL Zitronensaft, 2 EL Öl, etwas Salz und Pfeffer

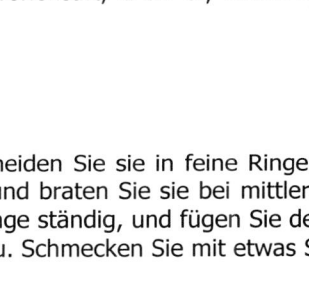

Zubereitung:

Reinigen Sie die Lauchzwiebeln, und schneiden Sie sie in feine Ringe. Geben Sie diese in eine mit Öl erhitzte Pfanne, und braten Sie sie bei mittlerer Hitze ca. 12 Minuten. Wenden Sie die Zwiebelringe ständig, und fügen Sie den Käse, Zitronensaft, Senf und Crème fraiche hinzu. Schmecken Sie mit etwas Salz und Pfeffer ab.

Verteilen Sie die Zwiebelmasse portionsweise auf das getoastete Vollkornbrot. Legen Sie dieses auf ein mit Backpapier ausgelegtes Backblech, und backen Sie es ca. 20 Minuten im vorgeheizten Backofen.

Die Brote sind fertig, wenn sie leicht gebräunt sind.

Bohnen-Sandwich mit Frikadelle

Zutaten für 2 Portionen:

2 Vollkornbrötchen, 400 g gebackene Bohnen in Tomatensauce, 2 Frikadellen

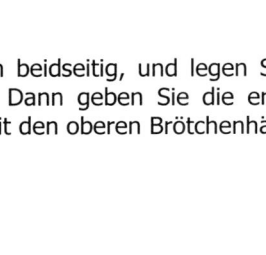

Zubereitung:

Braten Sie die Frikadellen beidseitig, und legen Sie sie anschließend auf die unteren Brötchenhälften. Dann geben Sie die erhitzten Bohnen darauf und decken die Sandwiches mit den oberen Brötchenhälften zu.

Avocado-Toast

Zutaten:

4 Scheiben Vollkorntoast, 2 kleine Avocados, 150 ml Sahnequark, 2 EL geriebener Käse, 1,5 TL Senf, 3 EL Butter, 2 kleine Zwiebeln, etwas Salz und Pfeffer, ¼ Bund Petersilie

Zubereitung:

Toasten Sie das Brot, und bestreichen Sie es anschließend auf beiden Seiten mit Butter.

Dünsten Sie die kleingehackten Zwiebeln ca. 3 Minuten an. Die Avocados werden geschält, halbiert, der Kern wird entfernt. Schneiden Sie die Avocado dann in feine Streifen.

Legen Sie die Toastscheiben in eine flache Auflaufform, und legen Sie die Avocadoscheiben darauf. Würzen Sie mit etwas Salz und Pfeffer.

Verrühren Sie den Sahnequark mit dem Senf und den angedünsteten Zwiebeln. Würzen Sie mit etwas Salz und Pfeffer. Nachdem Sie die Quarkmasse auf die Avocadoscheiben gestrichen haben, streuen Sie den geriebenen Käse darüber. Garnieren Sie die Toasts dann mit kleinen Butterflöckchen.

Backen Sie die Toasts im vorgeheizten Backofen ca. 12 Minuten bei 180 °C. Sobald der Käse zerlaufen ist, nehmen Sie die Toasts aus dem Backofen. Bestreuen Sie sie mit der kleingehackten Petersilie, bevor sie serviert werden.

Zucchini-Sandwich

Zutaten:

4 Vollkorn-Baguettebrötchen, 1 Zucchini, 250 g Mozzarella, 1 Zwiebel, 2 TL Tomatenmark, 4 EL Basilikum, etwas Olivenöl, Salz und Pfeffer

Zubereitung:

Schneiden Sie die gereinigte Zucchini in ca. 1 cm dicke Scheiben. Erhitzen Sie etwas Olivenöl in einer Pfanne und dünsten darin die Zucchini und die klein gehackte Zwiebel. Schmecken Sie mit etwas Salz und Pfeffer ab. Schneiden Sie den Mozzarella in kleine Würfel.

Die Baguettes werden längsseitig aufgeschnitten, sodass die beiden Hälften noch verbunden bleiben. Füllen Sie die Zucchini, den Mozzarella, das Tomatenmark und das fein gehackte Basilikum in die aufgeklappten Baguettes.

Nachdem Sie die Baguettes gefüllt und wieder zugeklappt haben, rollen Sie sie einzeln in Alufolie ein. Backen Sie sie dann ca. 15 Minuten im vorgeheizten Backofen bei 190 °C.

Das schnelle Sandwich

Zutaten:

2 Scheiben Vollkorntoast, 1 Scheibe Gouda, 1 Salatblatt, 1 Scheibe gekochter Schinken, etwas Mayonnaise und Petersilie

Zubereitung:

Toasten Sie die beiden Vollkorntoasts, und bestreichen Sie sie dann mit der Mayonnaise. Auf eine Toastscheibe legen Sie das Salatblatt, die Scheibe Käse, den Schinken und die klein gehackte Petersilie.

Decken Sie das Sandwich mit der anderen Toastscheibe ab, und schneiden Sie es dann diagonal durch.

Thunfisch-Sandwich

Zutaten für 4 Portionen:

8 Scheiben Vollkorntoastbrot, 4 Blätter vom Kopfsalat, 200 g Thunfisch aus der Dose, ½ entkernte Tomate, 1 kleine Zwiebel, ½ Staudensellerie, 1 EL Mayonnaise, 2 TL Zitronensaft, ½ Bund Schnittlauch, etwas Butter

Zubereitung:

Schneiden Sie die geschälte Zwiebel in dünne Scheiben. Putzen, waschen und hacken Sie den Sellerie. Entkernen Sie die gewaschene Tomate, und schneiden Sie diese in kleine Würfel. Lassen Sie den Thunfisch abtropfen, und zerkleinern Sie ihn mit einer Gabel. Geben Sie dann das vorbereitete Gemüse mit dem gehackten Schnittlauch hinzu. Verrühren Sie diese Zutaten, und schmecken Sie sie mit etwas Salz und Pfeffer ab.

Toasten Sie die Vollkorntoasts, und bestreichen Sie sie nach dem Abkühlen mit etwas Butter. Belegen Sie 4 Brotscheiben mit jeweils einem gewaschenen Salatblatt. Verteilen Sie die Thunfischmischung portionsweise auf die Salatblätter, legen Sie eine zweite Toastscheibe darauf, und drücken Sie diese leicht an. Halbieren Sie die Toasts diagonal.

Salami-Toast mit Ei

Zutaten:

2 Scheiben Vollkorntoast, 1 Scheibe Gouda, 1 großes Salatblatt , 2 Scheiben Salami, 1 Ei, 3 entkernte Tomatenscheiben, etwas Petersilie und Butter

Zubereitung:

Toasten Sie die Vollkorntoasts, und bestreichen Sie sie nach dem Abkühlen mit etwas Butter.

Waschen und trocknen Sie das Salatblatt. Schneiden Sie das hart gekochte Ei in dünne Scheiben. Auf eine Toastscheibe legen Sie das Salatblatt, die Scheibe Käse, die Salami, die Tomatenscheiben und die klein gehackte Petersilie. Decken Sie das Sandwich mit der anderen Toastscheibe ab und schneiden es dann diagonal durch.

Hähnchenbrust-Sandwich

Zutaten:

2 Scheiben Vollkorntoast, 150 g Hähnchenbrustfilet, 1 Tomate, 1 großes Salatblatt, etwas Mayonnaise, Petersilie, Butter, Salz und Pfeffer

Zubereitung:

Das Hähnchenbrustfilet schneiden Sie in schmale Streifen und braten es dann in einer mit Butter erhitzten Pfanne.

Waschen Sie das Salatblatt, und trocknen Sie es etwas ab. Die gewaschene Tomate wird geviertelt und entkernt. Dann schneiden Sie die Tomatenstücke in schmale Streifen. Toasten Sie die Brotscheiben, und bestreichen Sie diese jeweils von einer Seite mit Mayonnaise.

Legen Sie das Salatblatt auf eine Toastscheibe, und richten Sie darauf das Hähnchenbrustfilet mit den Tomatenscheiben an. Bestreuen Sie das Sandwich mit etwas klein geschnittener Petersilie. Decken Sie das Sandwich mit dem zweiten Toast ab, und schneiden Sie es dann diagonal durch.

Champignon-Baguette

Zutaten:

1 Vollkornbaguette, 100 g gekochter Schinken, 1 großes Salatblatt, 1 Scheibe Gouda, 50 g frische Champignons, etwas Butter und Petersilie

Zubereitung:

Toasten Sie das Baguettebrötchen, schneiden Sie es in 2 Hälften. Lassen Sie diese etwas abkühlen, bevor Sie sie mit Butter bestreichen.

Belegen Sie die untere Baguettehälfte mit dem gewaschenen Salatblatt, dem Gouda, dem gekochten Schinken und den gereinigten und in Scheiben geschnittenen Champignons. Streuen Sie dann die fein gehackte Petersilie darüber, bevor Sie das Baguette mit der anderen Brötchenhälfte zudecken.

Toast mit Brokkoli

Zutaten:

500 g Brokkoli, 8 Scheiben Vollkorntoast, ¾ l Gemüsebrühe, 30 g Vollkornmehl, 30 g Butter, 200 ml Milch, 2 hartgekochte Eier, 1 TL Senf, ½ Bund Schnittlauch, etwas Petersilie, Salz, Pfeffer und Muskat

Zubereitung:

Der Brokkoli wird gewaschen und geputzt. Nachdem Sie ihn in mundgerechte Stücke geschnitten haben, kochen Sie ihn in der erhitzten Gemüsebrühe etwa 20 Minuten. Lassen Sie ihn anschließend auf einem Sieb gut abtropfen, und verteilen Sie ihn dann auf die Toastscheiben.

Erhitzen Sie die Butter, und rühren Sie das Mehl unter. Dann gießen Sie die Milch hinzu, verrühren diese und schmecken die Soße mit etwas Senf, Salz, Pfeffer und Muskat ab.

Schneiden Sie ein gepelltes hart gekochtes Ei in kleine Würfel, und rühren Sie diese in die Soße ein. Gießen Sie die fertige Soße auf das Toast.

Legen Sie die belegten Toastscheiben auf ein mit Backpapier ausgelegtes Backblech, und backen Sie diese ca. 15 Minuten bei 200 °C.

Schneiden Sie jetzt das zweite Ei in Scheiben, und hacken Sie den Schnittlauch und die Petersilie klein. Sobald Sie die Toastscheiben aus dem Backofen nehmen, bestreuen Sie diese mit dem Schnittlauch, der Petersilie und den Eierscheiben.

Omelette mit Bohnen

Zutaten für 2 Personen:

400 g gebackene Bohnen in Tomatensoße, 4 Eier, 2 EL Wasser, 30 g Butter, etwas Salz und Pfeffer

Zubereitung:

Zerlassen Sie 15 g Butter in einer erhitzten Pfanne. Verrühren Sie die Eier mit 2 EL Wasser und Salz und Pfeffer. Geben Sie die Hälfte der Eimasse in die erhitzte Pfanne. Backen Sie die Eimasse so lange, bis sie stockt. Dann klappen Sie das runde Rührei als Omelette zu.

Für das zweite Omelette geben Sie jetzt die restliche Butter und die andere Hälfte der Eimasse in die Pfanne und backen diese wie das erste Omelette.

Servieren Sie die heißen Omelettes mit den erhitzten Bohnen.

Erbsenbrei

Zutaten für 4 Portionen:

380 g ungeschälte Trockenerbsen, 1 Zwiebel, ¾ l Wasser, etwas Suppengrün, Salz und Pfeffer

Zubereitung:

Lassen Sie die Erbsen über Nacht in ¾ l kaltem Wasser einweichen. Am nächsten Tag bringen Sie die Erbsen in dem Einweichwasser zum Kochen.

Bei niedriger Stufe lassen Sie die Suppe im zugedeckten Topf 2 – 3 Stunden köcheln.

Geben Sie nach ca. 1,5 Stunden das klein geschnittene Suppengrün und die fein gehackte Zwiebel hinzu, und kochen Sie eine weitere Stunde bei schwacher Hitze.

Dann streichen Sie die Erbsen durch ein Sieb, erhitzen den Erbsenbrei erneut, rühren ihn schaumig und schmecken ihn mit etwas Salz ab.

Bananen-Joghurt

Zutaten:

1 Banane, 1 TL Mandelblätter, 1 Becher Naturjoghurt

Zubereitung:

Verrühren Sie die in Scheiben geschnittene Banane mit den Mandelblättern und dem Joghurt.

Joghurt mit Pflaumen

Zutaten:

60 g frische Pflaumen, 1 Becher Naturjoghurt, 1 EL Orangensaft

Zubereitung:

Zerkleinern Sie die Pflaumen, und vermengen Sie diese mit dem Orangensaft. Anschließend rühren Sie die Pflaumen mit dem Saft unter den Joghurt.

Mango-Aprikosen-Joghurt

Zutaten für 1 Portion:

100 g frische Mango, 4 Aprikosen, 100 ml Naturjoghurt, 1 TL geschrotete Weizenkleie, 1 TL Reissirup

Zubereitung:

Schälen und entkernen Sie die Mango und Aprikosen, und schneiden Sie das Fruchtfleisch in mundgerechte Stücke. Vermischen Sie die Obststücke mit dem Joghurt, Reissirup und der Weizenkleie.

Grapefruit-Apfelsinen-Joghurt

Zutaten:

1 Apfelsine, ½ Grapefruit, 150 ml Magermilchjoghurt, 1 – 2 EL Honig

Zubereitung:

Lösen Sie mit einem Löffel das Fruchtfleisch aus der halben Grapefruit und schneiden sie dies in kleine Stücke.

Schälen Sie die Apfelsine, und schneiden Sie sie in mundgerechte Stücke.

Vermischen Sie die Obststücke mit dem Joghurt, und schmecken Sie diesen mit etwas Honig ab.

Gekochte Papaya

Zutaten:

½ gereifte Papaya

Zubereitung:

Schälen und vierteln Sie die Papaya längsseitig. Entfernen Sie die Kerne, und schneiden Sie das Fruchtfleisch in Würfel. Im Kochtopf wird die Papaya unter Hinzugabe von etwas Wasser etwa 10 Minuten lang auf kleiner Stufe geköchelt.

Anschließend können Sie die Papaya einschließlich der Flüssigkeit servieren.

Alternativ können Sie die Papaya im Kühlschrank abkühlen lassen und ein paar Stunden später essen.

Kartoffel-Gratin mit Bärlauch

Zutaten:

800 g fest kochende Kartoffeln, 100 ml Sahne, 200 ml Crème fraiche, 100 g Bärlauch, 1 TL Senf, 1 Knoblauchzehe, etwas Salz, Pfeffer und Majoran

Zubereitung:

Nachdem Sie die Kartoffeln geschält und gewaschen haben, schneiden Sie sie in dünne Scheiben. Waschen Sie die frischen Bärlauchblätter, und schneiden Sie sie in kleine Stücke. Geben Sie die Kartoffelscheiben und die Bärlauchblätter in eine Schale, und verrühren Sie alles mit etwas Salz und Pfeffer.

Erhitzen Sie die Sahne zusammen mit dem Crème fraiche, Senf und dem zerkleinerten Knoblauch in einem Topf, und würzen Sie dies mit etwas Majoran, Salz und Pfeffer.

Geben Sie die Kartoffel-Bärlauchmasse in eine eingefettete Auflaufform, und gießen Sie die Sahne darüber. Im vorgeheizten Backofen garen Sie den Auflauf ca. 45 Minuten lang bei 180 °C.

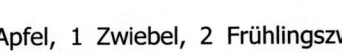

Blumenkohlauflauf mit Pilzen

Zutaten:

300 g Blumenkohl, 1 Apfel, 1 Zwiebel, 2 Frühlingszwiebeln, 1 kleine Dose gemischte Pilze, 100 ml Sahne, 1 EL Crème fraiche, 1 TL Senf, 1 EL Sonnenblumenöl, 1 TL Butter, 70 g Butterkäse, 1 Ei, 2 EL Petersilie, etwas Zitronensaft, Salz, Pfeffer, eine Prise Muskat

Zubereitung:

Dünsten Sie den Blumenkohl, bis er bissfest ist. Schneiden Sie die Zwiebel in kleine Würfel und die Frühlingszwiebeln in Streifen. Dünsten Sie die Zwiebeln dann in etwas Öl an.

Schälen Sie den Apfel, und entfernen Sie das Kerngehäuse. Schneiden Sie die Apfelstücke in kleine Würfel, und beträufeln Sie diese anschließend mit Zitronensaft, damit sie nicht braun verfärben.

Geben Sie den Blumenkohl mit den Apfelstückchen und den Pilzen in eine zuvor eingefettete Auflaufform. Würzen Sie mit etwas Senf, Salz, Pfeffer und Muskat.

Mischen Sie die Sahne mit Crème fraiche und dem kleingeschnittenen Butterkäse, dem Ei, den Zwiebeln und der gehackten Petersilie. Rühren Sie die Sahnemischung gründlich um. Gießen Sie sie anschließend gleichmäßig über den Blumenkohlauflauf.

Geben Sie die Auflaufform in den vorgeheizten Backofen, und garen Sie den Auflauf bei 190 °C ca. 30 Minuten lang.

Tipp:

Anstatt Mischpilze können Sie Shitakepilze nehmen, die einen sehr intensiven Eigengeschmack haben und über wertvolle Inhaltsstoffe verfügen.

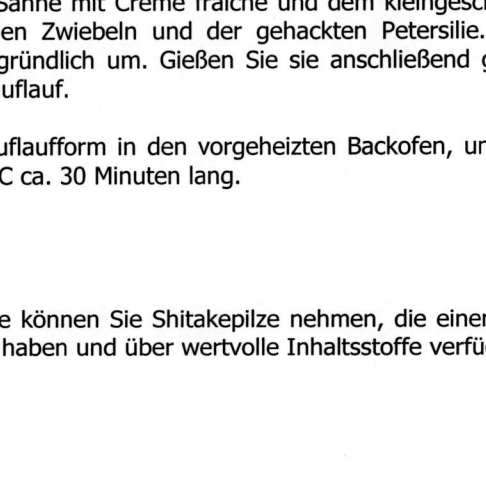

Hirse-Auflauf mit Rhabarbermus

Zutaten für 4 Personen:

600 g Rhabarber, 150 g Hirseflocken, 50 g feine Haferflocken, 0,7 Liter Milch, 3 Eier, 100 ml Reissirup, 150 ml Sahne, 1 Vanillestange, etwas Butter

Zubereitung:

Bringen Sie die Milch zum Kochen, fügen Sie die Hirseflocken, die Haferflocken und die Vanillestange hinzu, und lassen dies 10 Minuten lang köcheln.

Heizen Sie jetzt den Backofen auf 180 °C vor. Fetten Sie eine große Auflaufform mit Butter ein.

Trennen Sie die Eier, und schlagen Sie den Eidotter mit 70 ml Reissirup schaumig. Vermischen Sie dies anschließend mit dem Hirsebrei.

Reinigen Sie den Rhabarber, und schneiden Sie ihn in etwa 3 cm lange Stücke. Schlagen Sie das Eiweiß steif, ziehen Sie dieses unter den Hirsebrei und geben dies in die vorbereitete Auflaufform. Legen Sie die Hälfte des Rhabarbers darauf, und schieben Sie die Auflaufform nun in den vorgeheizten Backofen, wo sie ca. 35 Minuten verbleibt.

Dünsten Sie die andere Hälfte des Rhabarbers in etwas Wasser weich, sodass Sie ihn anschließend mit einem Pürierstab pürieren können. Geben Sie den restlichen Reissirup hinzu.

Schlagen Sie jetzt die Sahne steif, und ziehen Sie diese unter das Rhabarbermus. Servieren Sie das Mus als Beilage zum Hirseauflauf.

Tipp:

Wenn der Rhabarber sehr säuerlich schmeckt, würzen Sie mit zusätzlichem Reissirup nach. Anstatt Reissirup können Sie auch Ahornsirup oder Honig verwenden.

Brokkoliauflauf mit Hirse

Zutaten:

500 g Brokkoli, 2 Möhren, 500 ml Gemüsebrühe, 150 g Hirseflocken, 50 g feine Haferflocken, 1 Zwiebel, 2 Lorbeerblätter, 2 EL Vollkornmehl, 250 ml Sahne, 2 Eier, 100 g geriebener Emmentaler, etwas Pfeffer, Rosmarin und Butter

Zubereitung:

Waschen Sie den Brokkoli, und schneiden Sie die Brokkoliröschen in mundgerechte Stücke. Dünsten Sie diese anschließend mit den in Würfel geschnittenen Möhren gar.

Dünsten Sie die fein gehackte Zwiebel in Öl an, und geben dann die Hirseflocken dazu.

Gießen Sie dann die Gemüsebrühe zu den Hirseflocken, und rühren Sie etwas Pfeffer und Rosmarin sowie die Lorbeerblätter unter. Kochen Sie die Zutaten ca. 5 Minuten, und lassen Sie die Quelle anschließend bei abgeschalteter Herdplatte aufquellen.

Dann heben Sie die Brokkoliröschen unter die Hirseflocken. Füllen Sie den Hirsebrei in eine eingefettete Auflaufform.
Für die Soße verrühren Sie die Sahne mit den Eiern, dem Mehl und etwas Salz. Gießen Sie die Soße über den Auflauf, und bestreuen Sie diesen mit dem geriebenen Emmentaler und einigen Butterflöckchen.

Backen Sie den Auflauf ca. 20 Minuten im vorgeheizten Backofen bei 200 °C.

Brokkoli-Käseauflauf

Zutaten:

750 g Brokkoli, 100 g Reis, 125 ml Milch, 100 g Emmentaler, 1 Zwiebel, 4 Eier, 2 Knoblauchzehen, 1 EL Butter, etwas Salz, Pfeffer und Muskat

Zubereitung:

Geben Sie den Reis mit ausreichend Wasser in einen Topf, und kochen Sie diesen ca. 20 Minuten, bis er aufgequollen ist.

Schneiden Sie den Brokkoli in kleine Röschen, und waschen Sie diese ab. Kochen Sie die Röschen in Salzwasser bissfest.

Schneiden Sie die Zwiebel und Knoblauchzehen in kleine Würfel. Geben Sie die Butter in eine Pfanne und braten Sie die Zwiebel- und Knoblauchstückchen unter ständigem Rühren glasig. Dann geben Sie den vorbereiteten Reis und den Brokkoli hinzu. Würzen Sie mit etwas Salz, Muskat und Pfeffer und vermengen alles. Geben Sie das Gemüse dann in eine eingefettete Auflaufform.

Vermischen Sie 4 Eigelbe mit der Milch. Rühren Sie dann den geriebenen Käse unter. Schlagen Sie aus dem Eiweiß Eischnee, und heben Sie diesen unter die Käsemasse. Anschließend verteilen Sie diese gleichmäßig über dem Brokkoli.

Backen Sie den Auflauf ca. 20 Minuten bei 180 °C.

Spinatauflauf

Zutaten:

1 kg frischer Spinat, 20 g Butter, 250 ml Milch, 100 g Reibekäse, 20 g Vollkornmehl, 1 Eigelb, 2 EL Mandelblätter, etwas Muskatnuss, Salz und Pfeffer

Zubereitung:

Waschen Sie den Spinat, und blanchieren Sie ihn anschließend in Salzwasser. Geben Sie ihn sofort danach in Eiswasser, und lassen Sie ihn nach dem Abkühlen abtropfen.

Für die Soße zerschmelzen Sie die Butter und rühren das Mehl hinein. Geben Sie dann die Milch hinzu, kochen Sie diese auf, und köcheln Sie unter stetigem Rühren ca. 10 Minuten. Schmecken Sie die Soße mit Muskat, Salz und Pfeffer ab. Entnehmen Sie dann der Soße 2 EL, und rühren Sie damit das Eigelb glatt. Geben Sie das gerührte Eigelb in die aufgekochte Soße.

Den vorbereiteten Spinat füllen Sie in eine eingefettete Auflaufform, und geben die Soße und den Käse darüber. Backen Sie den Auflauf im vorgeheizten Backofen ca. 45 Minuten bei 170 °C. Streuen Sie vor dem Servieren die Mandelblättchen auf den Auflauf.

Hähnchenspinat-Auflauf

Zutaten für 2 Portionen:

200 g tiefgekühlter Spinat, 200 g gekochtes Hähnchenfleisch, 8 EL Naturjoghurt, 250 g Möhren, 3 Scheiben Schmelzkäse, etwas Salz, Pfeffer, Paprikapulver und Petersilie

Zubereitung:

Lassen Sie den Spinat nach Angaben der Packungsvorschrift auftauen. Kochen Sie ihn, und schmecken Sie ihn mit etwas Salz ab. Geben Sie ihn in eine eingefettete Auflaufform.

Putzen und waschen Sie die Möhren, und schneiden Sie sie in Würfel. Kochen Sie diese in erhitztem Wasser gar.

Entfernen Sie die Haut und Knochen von dem gekochten Hähnchenfleisch, und schneiden Sie dieses klein. Verrühren Sie die Fleischstückchen mit dem Joghurt, und schmecken Sie mit etwas Salz, Pfeffer und Paprikapulver ab.

Lassen Sie die Möhren abtropfen, und legen Sie sie in die Auflaufform auf den Spinat. Darüber geben Sie das Hähnchenfleisch. Decken Sie den Auflauf mit Käsescheibletten ab, und backen Sie ihn im vorgeheizten Backofen kurz auf, bis der Käse geschmolzen ist.

Vor dem Servieren bestreuen Sie den Auflauf mit fein gehackter Petersilie.

Käse-Spinat-Auflauf

Zutaten:

270 g frischer Spinat, 150 g Gorgonzolakäse, 3 Zwiebeln, 100 ml Sahne, 30 g Butter, 1 EL Olivenöl, etwas Ingwerpulver, Schnittlauch, Salz und Pfeffer

Zubereitung:

Schneiden Sie die geschälte Zwiebel in Würfel, und dünsten Sie diese in einer mit Olivenöl erhitzten Pfanne an. Geben Sie den gewaschenen Spinat dazu, und würzen Sie mit etwas Salz und Pfeffer.

Für die Soße verrühren Sie die Sahne, Butter und den mit einer Gabel zerdrückten Käse. Schmecken Sie die Soße mit etwas Ingwerpulver, Salz und Pfeffer ab. Kochen Sie die Soße kurz auf.

Füllen Sie den Spinat in eine eingefettete Auflaufform, gießen Sie die Soße darüber, und backen Sie den Auflauf im vorgeheizten Backofen ca. 20 Minuten bei 200 °C. Dekorieren Sie den fertigen Auflauf vor dem Servieren mit Schnittlauch.

Rahmauflauf mit Obst

Zutaten für 5 Personen:

100 g Zwieback, 250 ml saure Sahne, 2 Eier, 1 Glas Kirschen, 50 g grobe Haferflocken, 20 g Butter, 1/8 l Milch, 3 EL Honig, 1 Prise Zimt

Zubereitung:

Übergießen Sie den Zwieback mit der Sahne und Milch.

Schlagen Sie die Eier, den Honig, Zimt, die Butter und das Salz schaumig und geben dies anschließend zu der Zwiebackmasse.

Füllen Sie die Kirschen in eine eingefettete Auflaufform, und streuen Sie die Haferflocken darüber. Streichen Sie die Zwiebackmasse darüber.

Im Backofen backen Sie den Auflauf ca. 25 Minuten bei 200 °C.

Pfirsichauflauf

Zutaten:

400 g reife Pfirsiche, 3 EL Cème fraiche, je 1 ½ TL Mandelblätter und Honig, etwas Butter

Zubereitung:

Überbrühen Sie die Pfirsiche mit kochendem Wasser. Danach schrecken Sie die Pfirsiche mit kaltem Wasser ab und häuten sie. Halbieren Sie die Pfirsiche anschließend und entfernen die Kerne.

Schneiden Sie die Pfirsiche in mundgerechte Stücke, und legen Sie sie in eine zuvor eingefettete Auflaufform.

Vermengen Sie das Crème fraiche mit dem Honig und streichen damit die Pfirsiche ein. Bestreuen Sie anschließend die Pfirsiche mit den gehobelten Mandeln.

Backen Sie die Pfirsiche bei 180 °C ca. 25 Minuten lang.

Auberginenmus

Zutaten:

500 g Auberginen, 1 Zwiebel, 3 Knoblauchzehen, Saft von ½ Zitrone, ½ Bund Petersilie, 1 Becher Naturjoghurt, 2 Tomaten ohne Kerne, 12 schwarze Oliven, etwas Thymian, Salz und Pfeffer, 1 EL Sonnenblumenöl

Zubereitung:

Legen Sie die Auberginen mit Schale auf einen Rost im vorgeheizten Backofen. Backen Sie die Auberginen bei 180 °C ca. 1 Stunde, bis sie weich sind.

Schälen und zerhacken Sie die Zwiebel und die Knoblauchzehen. Waschen und zerhacken Sie die Petersilie.

Lassen Sie die Auberginen abkühlen, um sie anschließend zu halbieren. Mit einem Löffel schaben Sie das Fruchtfleisch heraus und beträufeln dieses mit dem Zitronensaft.

Fügen Sie dann die Zwiebel, Petersilie, den Knoblauch, Joghurt und das Sonnenblumenöl hinzu. Vermengen Sie alles, und schmecken Sie das Mus mit Salz, Pfeffer und Thymian ab.

Waschen Sie die Tomaten, entfernen Sie die Kerne, und schneiden Sie die Tomaten in Scheiben. Garnieren Sie das Auberginenmus mit den entkernten Tomaten und den Oliven.

Tipp:

Servieren Sie das Auberginenmus mit Fladenbrot oder Beilagen wie Nudeln oder Kartoffelpüree.

Blattspinat überbacken

Zutaten:

1 kg Spinat, 50 g Speck, 100 g geriebener Emmentaler, ½ TL Zucker, etwas Butter, Salz und Pfeffer

Zubereitung:

Den Speck schneiden Sie in kleine Würfel und braten diese in einer Pfanne kross.

Waschen Sie den Spinat gründlich. Den abgetropften Spinat lassen Sie im Fett zusammenfallen und geben etwas Salz, Pfeffer und den Zucker hinzu. Auf kleiner Stufe lassen Sie den Spinat ca. 20 Minuten lang garen. Dann füllen Sie den Spinat in eine eingefettete Auflaufform und bestreuen ihn mit Käse. Im vorgeheizten Backofen überbacken Sie den Auflauf, bis der Käse zerläuft.

Tipp:

Servieren Sie den überbackenen Spinat zu Kartoffelpüree oder Eiergerichten.

Flockenmöhren

Zutaten:

4 große Möhren, 10 EL grobe Haferflocken, 2 TL Honig, 4 EL fettarme Milch, etwas Zitronensaft

Zubereitung:

Reinigen Sie die Möhren, und raspeln Sie sie anschließend mit einer Reibe. Beträufeln Sie die Raspeln mit etwas Zitronensaft. Geben Sie dann die Milch, Haferflocken und den Honig hinzu, und rühren Sie alles um.

Tipp:

Essen Sie Flockenmöhren als Zwischenmahlzeit oder Nachtisch.

Gemüsepaella

Zutaten:

600 ml Hühnerbrühe, 300 g tiefgefrorene Erbsen, Möhren und grüne Bohnen, 200 g Naturreis, 100 g Brokkoli, 1 Zwiebel, 4 EL Wasser, 1 Frühlingszwiebeln, 3 Knoblauchzehen, etwas Salz und Pfeffer, 1 TL Kurkuma, 4 EL Wasser, 2 TL Tomatenmark

Zubereitung:

Kochen Sie den Reis in der Hühnerbrühe ca. 20 Minuten, bis er halbgar ist. Schütten Sie die Brühe danach nicht ab.

Geben Sie die Erbsen, Möhren, grüne Bohnen und die klein gehackte Zwiebel und Knoblauchzehen mit 4 EL Wasser in eine nicht haftende Pfanne. Garen Sie dies bei mittlerer Hitze ca. 10 Minuten. Geben Sie dann das Kurkuma, Tomatenmark und etwas Pfeffer und Salz hinzu und kochen alles für weitere ca. 2 Minuten.

Dann fügen Sie den vorbereiteten Reis hinzu und verrühren alle Zutaten gleichmäßig. Lassen Sie die Paella ca. 15 Minuten lang bei niedriger Temperatur köcheln.

Schneiden Sie den Brokkoli in kleine Röschen, und waschen Sie diese ab. Sie kochen den Brokkoli ca. 5 Minuten lang separat und vermengen ihn dann mit der fertigen Paella.

Auberginen-Gemüse

Zutaten:

300 g Auberginen, 200 g Möhren, 2 Zwiebeln, 2 Knoblauchzehen, 3 Paprika-schoten, etwas Salz, Essig und Öl

Zubereitung:

Nachdem Sie die Auberginen gewaschen und abgetrocknet haben, schneiden Sie diese in Scheiben und salzen sie ganz leicht.

Erhitzen Sie das Öl, und braten Sie die Auberginenscheiben kurz an. Danach legen Sie die Scheiben in ein Sieb und lassen sie abtropfen. Zerkleinern und vermengen Sie die Möhren, Zwiebeln und die Paprikaschoten, und braten Sie dieses in einem Topf an.

In eine Schüssel legen Sie abwechselnd schichtweise die Auberginenscheiben und das Gemüse. Jede einzelne Schicht bestreuen Sie anschließend mit dem fein gehackten Knoblauch. Nachdem das komplette Gemüse in der Schüssel angerichtet ist, übergießen Sie es nach Ihrem Geschmack mit Essig. Lassen Sie das Gemüse ziehen, und gießen Sie den Saft nach einiger Zeit ab. Stellen Sie das Gemüse anschließend für ca. 2 Stunden in den Kühlschrank. Das Gemüse wird kalt serviert.

Überbackene Gemüsepfanne

Zutaten:

500 g Kartoffeln, 250 g Möhren, 300 g Zucchini, 250 g Brokkoli, 1 kleine Zwie-bel, 6 Käsescheibletten, etwas Salz, Pfeffer, Öl

Zubereitung:

Schneiden Sie das Gemüse klein, entfernen Sie die Zucchinikerne, und dünsten Sie alle Zutaten in einer mit Öl erhitzten Pfanne an.

Würzen Sie mit etwas Salz und Pfeffer, und geben Sie abschließend die Käse-scheibletten über das Gemüse, bis diese geschmolzen sind.

Wirsing als Beilage

Zutaten:

½ Wirsing, 1 Zwiebel, 1 Würfel Gemüsebrühe

Zubereitung:

Entfernen Sie den Strunk des Wirsings, und waschen Sie die Blätter gründlich. Sie schneiden die Blätter in schmale Streifen, und geben diese dann in einen mit Wasser gefüllten Kochtopf.

Schneiden Sie die Zwiebel in kleine Würfel, und geben Sie diese zum Wirsing. Zerkleinern Sie den Brühwürfel, verteilen Sie diesen über dem Wirsing. Gießen Sie etwas Wasser dazu, decken Sie den Topf zu.

Garen Sie den Wirsing ca. 12 Minuten, bis er bissfest ist.

Gemischte Gemüsenudeln

Zutaten:

150 g Vollkornnudeln, 200 g Möhren, 1 Stange Lauch, ½ Tasse Fleischbrühe, ½ Dose Mais, 125 ml Sahne, 100 g geriebener Gouda, 1 EL Butter

Zubereitung:

Geben Sie die Nudeln in kochendes Wasser, und kochen Sie diese bissfest.

Reinigen und zerkleinern Sie die Möhren und den Lauch. Dünsten Sie dies anschließend in der mit Butter erhitzten Pfanne an. Geben Sie die Sahne und die Fleischbrühe hinzu und lassen alles 10 Minuten lang garen. Geben Sie anschließend die Nudeln und den Mais hinzu und vermengen alles.

Servieren Sie die heißen Nudeln, und reichen Sie den geriebenen Gouda separat dazu.

Bohnen-Zucchini-Omelette

Zutaten für 2 Portionen:

400 g gekochte rote Bohnen, 1 Zucchini, 30 g Butter, 4 Eier, 4 EL Wasser, getrockneter Oregano, Salz und Pfeffer

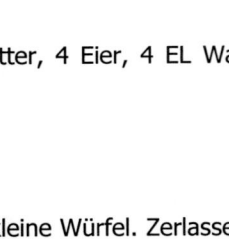

Zubereitung:

Reinigen Sie die Zucchini, und schneiden Sie sie in kleine Würfel. Zerlassen Sie 15 g Butter in einer erhitzten Pfanne. Dünsten Sie die Hälfte der Zucchiniwürfel darin an.

Verrühren Sie die Eier mit 4 EL Wasser und etwas Oregano, Salz und Pfeffer. Geben Sie jeweils die Hälfte der Eimasse und der gekochten Bohnen dazu, und verrühren Sie alles gründlich. Backen Sie die Eimasse in der Pfanne so lange, bis sie eine feste Konsistenz angenommen hat. Klappen Sie dann das runde Rührei als Omelette zu.

Mit den restlichen Zutaten backen Sie das zweite Omelette.

Grüner Spargel mit Käsesoße

Zutaten:

750 g grüner Spargel, 40 g Mehl, ¼ l Salzwasser, 125 ml Sahne, 1 Ecke Kräuterkäse, 1 Eigelb, 50 g geriebener Emmentaler, 1 TL Butter, 1 TL Zucker, 30 g Butter

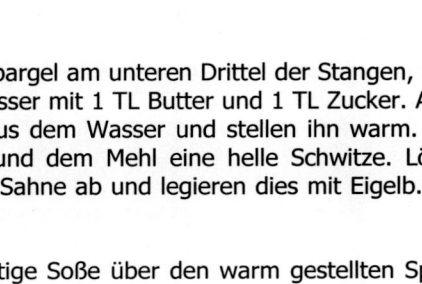

Zubereitung:

Schälen Sie den Spargel am unteren Drittel der Stangen, und garen Sie ihn ca. 20 Minuten im Wasser mit 1 TL Butter und 1 TL Zucker. Anschließend nehmen Sie den Spargel aus dem Wasser und stellen ihn warm. Bereiten Sie aus der restlichen Butter und dem Mehl eine helle Schwitze. Löschen Sie diese mit Spargelbrühe und Sahne ab und legieren dies mit Eigelb. Geben Sie dann den Käse hinzu.

Gießen Sie die fertige Soße über den warm gestellten Spargel, und servieren Sie diesen sofort.

Spinat mit Pilzen und Ei

Zutaten für 2 Portionen:

250 g tiefgekühlter Spinat, 150 g frische Champignons, 2 Eier, 6 EL Natur-joghurt, 2 EL Tomatenmark, etwas Salz, Petersilie, Sojasauce und Gemüse-brühe

Zubereitung:

Lassen Sie den Spinat nach Angaben der Packungsvorschrift auftauen. Kochen Sie ihn, und schmecken Sie ihn mit etwas Salz ab. Waschen Sie die Champignons, schneiden Sie sie in Scheiben, und pochieren Sie diese ca. 2 Minuten in etwas erhitzter Gemüsebrühe.

Für die Soße verrühren Sie den Joghurt mit dem Tomatenmark, und schmecken mit etwas Salz und Sojasauce ab. Pochieren Sie die Eier in Salz-wasser, lassen Sie sie dann abtropfen.

Verteilen Sie den warmen Spinat auf 2 Teller, legen Sie die Champignons und Eier darauf. Gießen Sie dann die Soße darüber, und verstreuen Sie darauf die fein gehackte Petersilie.

Überbackenes Gemüse

Zutaten:

750 g gemischtes Gemüse (z. B. Fenchel, Blumenkohl, Brokkoli, Porree, Chicorée), 30 g Fett, 40 g Mehl, 1 Tasse Wasser, 200 g geriebener Emmen-taler, ¼ l Milch, 1 TL Senf, etwas Salz, Pfeffer, Paprika, Muskat und Zucker

Zubereitung:

Reinigen Sie das Gemüse, und schneiden Sie es in kleine Stücke. Geben Sie es in Salzwasser, kochen kurz auf und garen es dann ca. 15 Minuten. Bereiten Sie aus dem Mehl und Fett eine helle Schwitze. Löschen Sie diese mit Gemüse-wasser und Milch ab. Schmecken Sie sie dann mit Käse, Senf und den Gewürzen ab. Füllen Sie das Gemüse in eine eingefettete Auflaufform, und gießen Sie die Soße darüber. Im vorgeheizten Backofen backen Sie den Auflauf ca. 30 Minuten bei 200 °C.

Spargelcocktail

Zutaten für 5 Portionen:

5 Salatblätter, 100 g gekochter Schinken, 200 g frischer Spargel, 2 Scheiben Ananas aus der Dose, 1/8 l Sahne, 1 TL Butter, 1 TL Zucker, etwas Ananassaft, Zitronensaft, Tomatenmark, Zucker und Salz

Zubereitung:

Schälen Sie den Spargel am unteren Drittel der Stangen, und garen Sie ihn ca. 20 Minuten im Wasser mit 1 TL Butter und 1 TL Zucker. Anschließend nehmen Sie den Spargel aus dem Wasser und lassen ihn abkühlen.

Waschen Sie die Salatblätter, und legen Sie diese auf Glasteller. Beträufeln Sie sie mit etwas Zitronensaft.

Würfeln Sie den gekochten Schinken, und schneiden Sie die Ananas in feine Streifen und den Spargel in kleine Stücke. Verteilen Sie diese Zutaten anschließend auf die Salatblätter. Halten Sie für die Dekoration 5 Spargelköpfe zurück.

Vermischen Sie in einer Schüssel die Sahne mit den Geschmackszutaten, und schmecken Sie die Soße pikant ab. Gießen Sie die fertige Soße über die Cocktails, und garnieren Sie diese mit jeweils einem Spargelkopf.

Stellen Sie die Cocktails zum Abkühlen in den Kühlschrank.

Brokkoli mit Mandelblättern

Zutaten:

750 g Brokkoli, 5 EL Mandelblätter, 2 EL Butter

Zubereitung:

Waschen Sie den Brokkoli, und schneiden Sie die Brokkoliröschen in mundgerechte Stücke. Dünsten Sie diese anschließend gar.

Rösten Sie die Mandelblätter in einer Pfanne goldgelb, und geben Sie die Butter hinzu. Streuen Sie die fertigen Mandelblätter anschließend auf den gar gedünsteten Brokkoli.

Nudeln mit Spargel und Zucchini

Zutaten für 4 Personen:

500 g Zucchini, 500 g frischer Spargel, 300 g Vollkornnudeln, 150 ml Sahne, 150 g geriebener Käse, ½ Bund Petersilie, 4 EL Olivenöl, etwas Salz und Muskat, 2 Knoblauchzehen

Zubereitung:

Erhitzen Sie 2 EL Olivenöl in einer Pfanne, und dünsten Sie die zerkleinerten Knoblauchzehen darin an.

Schälen Sie den Spargel, und schneiden Sie diesen in Stücke. Waschen Sie die Zucchini, entfernen Sie die Kerne, und schneiden Sie die Zucchini anschließend in dünne Scheiben. Zusammen mit den Spargelstücken geben Sie die Zucchinischeiben in die Pfanne. Dünsten Sie das Gemüse so lange, bis es bissfest ist. Würzen Sie dann mit etwas Salz und Muskat.

Kochen Sie die Nudeln nach Anweisung der Packungsbeschreibung bissfest. Erhitzen Sie dann 2 EL Olivenöl, und schwenken Sie die gar gekochten Nudeln darin. Würzen Sie mit etwas Salz.

Verteilen Sie die fertigen Nudeln und das Gemüse auf 4 Teller.

Dicke Bohnen

Zutaten:

500 g frische dicke Bohnen, 2 große Zwiebeln, 1 Becher Naturjoghurt, 125 ml Crème fraiche, 1 TL Senf, 2 EL Butter, etwas Salz und Pfeffer

Zubereitung:

Kochen Sie die Bohnen gar. Dünsten Sie die fein gehackten Zwiebeln in der zerlassenen Butter glasig. Dann geben Sie die gekochten Bohnen hinzu und dünsten diese 10 Minuten in der Pfanne.

Rühren Sie anschließend Crème fraiche und Joghurt unter.

Schmecken Sie mit Senf und etwas Salz und Pfeffer ab.

Kohlrabigemüse

Zutaten:

500 g Kohlrabi, 80 ml Gemüsebrühe, 120 ml Sahne, 1 EL Butter, 1 EL Zitronensaft, etwas Salz und Pfeffer

Zubereitung:

Schälen Sie die Kohlrabiknollen, und teilen Sie sie in 2 Hälften. Schneiden Sie diese dann in dünne Scheiben.

Erhitzen Sie die Butter in einer Pfanne, und dünsten Sie die Kohlrabischeiben darin. Geben Sie dann die Sahne und die Gemüsebrühe hinzu. Rühren Sie stetig um, bis die Kohlrabischeiben bei mittlerer Temperatur weichgekocht sind.

Würzen Sie mit etwas Salz, Pfeffer und Zitronensaft.

Kürbisgemüse

Zutaten:

1 kg Kürbis, 2 Zwiebeln, ½ Bund Petersilie, 2 EL Öl, 1 TL Gemüsebrühe (Instant), 1 EL Crème fraiche, Saft von ½ Zitrone, 1 TL gemahlener Ingwer, etwas Salz und Pfeffer

Zubereitung:

Schälen Sie den Kürbis, und entfernen Sie die Kerne und Fasern. Würfeln Sie das Fruchtfleisch.

Geben Sie die Kürbiswürfel und die fein gehackten Zwiebeln in das erhitzte Öl. Dünsten Sie dies bei mittlerer Hitze und stetigem Rühren, bis die Kürbiswürfel glasig sind.

Jetzt rühren Sie 100 ml Wasser und die Brühe unter und lassen alles zugedeckt bei niedriger Temperatur ca. 10 Minuten garen. Sobald der Kürbis weich ist, mischen Sie Crème fraiche und den Zitronensaft unter.

Schmecken Sie mit Ingwer, Salz und Pfeffer ab.

Verteilen Sie das Kürbisgemüse portionsweise auf Teller, und bestreuen Sie diese mit etwas klein gehackter Petersilie.

Tipp:
Reichen Sie zu dem Kürbisgemüse Reis oder Kartoffeln.

Zucchini-Pilz-Quiche

Zutaten:

300 g Vollkornmehl, 7 Eier, 500 g Zucchini, 300 g Lauch, 250 g frische Champignons, 3 EL Sonnenblumenöl, 300 g Emmentaler Käse, 200 ml Crème fraiche, 200 ml Milch, ½ EL getrockneter Oregano, 1 Bund Petersilie, etwas Salz und Pfeffer

Zubereitung:

Geben Sie das Mehl, 5 Eier, 1 EL Öl und eine Prise Salz in eine Schüssel, und vermengen Sie alles zu einem Teig. Decken Sie diesen anschließend zu und lassen ihn ca. 30 Minuten lang ruhen.

Reinigen Sie den Lauch, und schneiden Sie zwei Drittel des grünen Teils in Ringe. Waschen Sie die Petersilie, trocknen und zerhacken Sie sie.

Dann reinigen Sie die Champignons und schneiden diese in dünne Scheiben. Waschen und trocknen Sie die Zucchini, schneiden Sie sie in 2 Hälften, und entfernen Sie die Kerne.

Erhitzen Sie 2 EL Sonnenblumenöl in der Pfanne, und geben Sie dann das Gemüse hinein. Rühren Sie so lange, bis die Flüssigkeit verdampft ist. Mischen Sie anschließend die Petersilie unter, und lassen Sie alles etwas abkühlen.

In einer separaten Schüssel verrühren Sie die Milch mit Crème fraiche, den restlichen 2 Eiern und dem Käse. Geben Sie Oregano und etwas Salz und Pfeffer hinzu.

Legen Sie ein mit Backpapier ausgelegtes Backblech mit dem Teig aus. Formen Sie dabei einen ca. 1 cm hohen Rand. Dann verteilen Sie das vorbereitete Gemüse auf dem Teig und gießen anschließend die Eiermischung darüber.

In dem vorgeheizten Backofen backen Sie die Quiche etwa 30 Minuten lang bei 200 °C.

Hirse-Spinat-Gemüse

Zutaten:

150 g Hirseflocken, 50 g feine Haferflocken, 1 kg Blattspinat, 600 ml Gemüse-brühe, 300 g Möhren, ½ Zwiebel, 4 EL Sahne, ½ TL Currypulver, etwas Salz und Pfeffer

Zubereitung:

Geben Sie die Hirseflocken und Haferflocken in 500 ml aufgekochte Gemüse-brühe. Bei mittlerer Hitze lassen Sie die Brühe ca. 5 Minuten zugedeckt kochen. Anschließend lassen Sie die Hirse auf der ausgeschalteten Herdplatte weitere 10 Minuten ziehen.

Schneiden Sie die Zwiebel in Würfel, und dünsten Sie diese in einer Pfanne an. Geben Sie dann die Möhren und das Currypulver hinzu. Lassen Sie alles etwa 4 Minuten bei mittlerer Temperatur dünsten.

Jetzt fügen Sie den kleingeschnittenen Spinat und etwas von der restlichen Gemüsebrühe hinzu. Dünsten Sie diese Zutaten in der Pfanne so lange, bis sie bissfest sind.

Anschließend geben Sie die Hirsemasse hinzu und schmecken mit etwas Salz und Pfeffer ab. Zum Schluss heben Sie die Sahne unter.

Grünkohlgemüse

Zutaten:

700 g Grünkohl, 1 Zwiebel, 1 Knoblauchzehe, 1 Ei, 1/8 l Wasser, 2 EL Butter, etwas Salz und Pfeffer

Zubereitung:

Entfernen Sie die Grünkohlblätter von den Stielen, und waschen und zerkleinern Sie sie anschließend. Schneiden Sie die Zwiebel und Knoblauchzehe in kleine Würfel. Erhitzen Sie 1 EL Butter, und braten Sie darin die Knoblauch- und Zwiebelwürfel bei kleiner Hitze, bis sie glasig sind.

Geben Sie das Wasser, den Grünkohl und etwas Salz und Pfeffer hinzu. Kochen Sie alles kurz auf, und lassen Sie es zugedeckt bei niedriger Temperatur 10 Minuten garen. Dann mischen Sie die restliche Butter unter.

Vierteln Sie das hart gekochte Ei, und dekorieren Sie den Grünkohl.

Tipp:

Das Grünkohlgemüse schmeckt sehr gut zu Kartoffelpüree, Salz- oder Pellkartoffeln.

Blechkartoffeln

Zutaten:

Je nachdem, ob man die Kartoffeln als Beilage oder Hauptspeise essen möchte, variiert die benötigte Kartoffelmenge. Zusätzlich zu den Kartoffeln: Pfeffer, Salz, etwas Sonnenblumenöl, ggf. Knoblauch.

Zubereitung:

Legen Sie ein Backblech mit Backpapier aus. Dann waschen Sie die Kartoffeln gründlich, und zerschneiden die Kartoffeln als Ecken, Stäbchen oder auch als Scheiben. Legen Sie die Kartoffeln dann gleichmäßig auf dem Backblech aus.

Würzen Sie die Kartoffeln ausreichend mit Pfeffer und Salz. Wenn Sie mögen, streuen Sie außerdem zerkleinerte Knoblauchwürfelchen auf die Kartoffeln.

Bevor Sie das Blech in den vorgeheizten Backofen schieben, beträufeln Sie alles mit ausreichend Sonnenblumenöl.

Nach ca. 15 Minuten wenden Sie die Kartoffeln und würzen sie noch etwas nach. Schieben Sie das Backblech für weitere 15 Minuten zurück in den Back-ofen, danach sind die Kartoffeln fertig zum Servieren.

Tipp:

Die Blechkartoffeln eignen sich als abgekühlte Snacks ideal für die kleine Mahl-zeit zwischendurch. Besonders lecker sind die kalten Kartoffeln mit einem Dip, das Sie ganz nach Ihrem Geschmack und Ihrer persönlichen Verträglichkeit anrichten können.

Hierzu können Sie auch einige der Brotaufstriche verwenden, die in dem Kapitel ‚Frühstück – chronische Phase' beschrieben sind.

Kartoffel-Brokkoli-Puffer

Zutaten:

250 g Brokkoli, 500 g Kartoffeln, 1 Möhre, 1 Zwiebel, 100 g Haferflocken, 50 g Magerquark, je 2 Prisen Salz und Pfeffer, etwas Sonnenblumenöl

Zubereitung:

Schneiden Sie den gereinigten Brokkoli in mundgerechte Röschen und garen diese mit der abgeschabten Möhre und den geschälten Kartoffeln ca. 5 Minuten. Lassen Sie dann alles abkühlen, um es anschließend zu raspeln.

Vermengen Sie das geraspelte Gemüse mit dem Magerquark, den Zwiebeln und ¾ der Haferflocken. Schmecken Sie den Teig mit Salz und Pfeffer ab. Formen Sie aus dem fertigen Teig 8 Puffer, und wenden Sie diese dann in den restlichen Haferflocken.

Nachdem Sie das Sonnenblumenöl erhitzt haben, braten Sie die Puffer auf jeder Seite 5 Minuten lang, bis sie knusprig geworden sind.

Kartoffelklöße

Zutaten:

1 kg gekochte Kartoffeln vom Vortag, 250 g Vollkornmehl, 1 Ei, etwas Salz

Zubereitung:

Schälen Sie die am Vortag gekochten Kartoffeln und reiben Sie sie fein. Vermengen Sie sie anschließend mit dem Ei, Mehl und Salz zu einem festen Teig. Wenn der Teig noch an den Händen klebt, geben Sie noch etwas Mehl hinzu.

Formen Sie aus dem Teig Rollen mit einem Durchmesser von ca. 5 cm. Schneiden Sie hiervon dicke Scheiben ab, und formen Sie kleine Kugeln daraus.

Legen Sie die Klöße in kochendes Salzwasser, und lassen Sie sie etwa 15 Minuten lang ziehen.

Pellkartoffeln mit Spargelmango

Zutaten:

1,2 kg Kartoffeln, 500 g grüner Spargel, 1 Mango, 1 Bund Frühlingszwiebeln, 2 EL Leinöl, 1 TL Butter, 50 ml Sahne, 1 EL Zucker, 70 ml Wasser, 2 EL Sonnenblumenöl

Zubereitung:

Reinigen Sie die Kartoffeln gründlich, und kochen Sie sie ca. 30 Minuten in Salzwasser. Anschließend lassen Sie die Kartoffeln kurz abkühlen, um sie danach zu pellen.

Während die Kartoffeln garen, bereiten Sie die Spargelstangen vor, indem Sie das Ende abschneiden und die Schale vom unteren Drittel der Stangen abschälen. Waschen Sie den Spargel danach ab.

Bringen Sie jetzt Wasser zum Kochen und geben den Zucker, Spargel und die Butter hinzu. Bei mittlerer Stufe lassen Sie den Spargel ca. 15 Minuten lang kochen, bis er bissfest ist. Anschließend schneiden Sie den Spargel in ca. 3 cm lange Stückchen und lassen diese abkühlen.

Schälen Sie die Mango, und entfernen Sie den Stein aus der Mitte. Schneiden Sie die Mango jetzt in kleine Stücke.

Reinigen Sie die Frühlingszwiebeln gründlich, und schneiden Sie diese anschließend in kleine dünne Ringe. Vermischen Sie die Mangostücke, Spargelstreifen und die Zwiebelringe in einer Schüssel.

Richten Sie jetzt das Dressing an, indem Sie das Leinöl, Sonnenblumenöl und die Sahne mit 70 ml Wasser vermengen. Geben Sie Salz und Pfeffer hinzu, und schmecken Sie das Dressing ab. Servieren Sie den Salat nun zu den noch warmen Pellkartoffeln.

Tipp:

Das Dressing können Sie verfeinern, wenn Sie kleine Mengen Zitronensaft und Crème Fraiche verwenden. Ersetzen Sie hierfür die Sahne mit Crème Fraiche und nehmen nur die Hälfte des Wassers und den Saft von einer ausgepressten Zitrone.

Kartoffeln mit Löwenzahnsalat

Zutaten:

1,2 kg kleine Kartoffeln, 250 g frische Löwenzahnblätter, 250 g leichter Camembert, 3 EL Crème fraiche, 4 hartgekochte Eier, 75 ml Sahne, 1 Bund Frühlingszwiebeln, 2 EL Olivenöl, 3 Knoblauchzehen, 1 TL mittelscharfer Senf, Saft von 1 Zitrone

Zubereitung:

Reinigen Sie die Kartoffeln gründlich, und kochen Sie sie in Salzwasser ca. 10 Minuten fast gar.

Säubern Sie die Frühlingszwiebeln, und schneiden Sie das Grün in feine Ringe. Die Zwiebeln lassen Sie ganz. Die geschälten Knoblauchzehen drücken Sie durch eine Knoblauchpresse.

Geben Sie die Kartoffeln in eine erhitzte Pfanne, und braten Sie sie von allen Seiten an. Fügen Sie die Zwiebeln und den Knoblauch hinzu, und braten Sie dies ca. 5 Minuten mit. Würzen Sie mit etwas Salz und Pfeffer.

Reinigen Sie die Löwenzahnblätter gründlich, und lassen Sie sie gut abtropfen. Richten Sie die Löwenzahnblätter auf 3 Tellern dekorativ an.

Die hartgekochten Eier schneiden Sie längsseitig in dünne Scheiben und den Camembert in Würfel. Geben Sie beides portionsweise auf die hergerichteten Salatblätter, und streuen Sie das geschnittene Grün der Frühlingszwiebeln darüber.

Geben Sie das Crème fraiche, die Sahne, den Zitronensaft und Senf in eine Schüssel, und vermengen Sie diese Zutaten zu einer Soße. Schmecken Sie diese mit etwas Salz und Pfeffer ab, und gießen Sie sie portionsweise über den Salat.

Servieren Sie die Knoblauchkartoffeln zu dem Löwenzahnsalat.

Ofenkartoffeln mit Lachs und Avocado

Zutaten:

8 große fest kochende Kartoffeln, 1 Avocado, 250 ml Sauerrahm, 250 ml Crème fraiche, ½ Bund Schnittlauch, ½ Zitrone, 200 g geräucherter Lachs, etwas Petersilie, Salz und Pfeffer

Zubereitung:

Waschen Sie die Kartoffeln gründlich ab, und kochen Sie sie anschließend ca. 25 Minuten in Salzwasser. Anschließend gießen Sie das Wasser ab und schneiden die Kartoffeln einmal kreuzförmig ein. Nachdem Sie die Kartoffeln in Alufolie eingewickelt haben, backen Sie sie ca. 15 Minuten bei 240 °C.

Vermengen Sie den Sauerrahm mit dem Crème fraiche. Schneiden Sie den geräucherten Lachs in kleine Stückchen.

Halbieren und entkernen Sie die Avocado. Lösen Sie das Fruchtfleisch aus der Schale, und schneiden Sie es in kleine Würfel. Beträufeln Sie diese sofort mit etwas ausgepresstem Zitronensaft.

Nachdem Sie den Schnittlauch fein gehackt haben, geben Sie diesen zusammen mit dem Lachs und den Avocadostückchen zu der Sauerrahmcreme. Verrühren Sie die Creme gründlich.

Nehmen Sie die fertigen Kartoffeln aus dem Backofen, öffnen Sie die Alufolie, und drücken Sie die Kartoffel etwas auseinander. Füllen Sie die Sauercreme in die Öffnung, dekorieren Sie mit etwas Petersilie und Schnittlauch, und servieren Sie die noch heiße Kartoffel.

Walnuss-Kartoffelpüree

Zutaten:

200 g Kartoffeln mehlig kochend, 50 ml Milch, 2 TL Butter, 2 EL geriebene Walnüsse, etwas Salz, Anis und Zimt

Zubereitung:

Kochen Sie die Kartoffeln als Pellkartoffeln ca. 20 Minuten gar. Entfernen Sie anschließend die Schale, und geben Sie die Kartoffeln in ein Sieb.

Gießen Sie die Milch in einen Topf, und erhitzen Sie sie. Geben Sie die Butter, die geriebenen Walnüsse, das Salz, Anis und den Zimt zu der Milch, und verrühren Sie alles.

Drücken Sie jetzt die Kartoffeln durch eine Kartoffelpresse (oder mit einem Kartoffelstampfer sehr gut zerdrücken), und geben Sie die Kartoffelmasse anschließend zu der Milch. Rühren Sie das Kartoffelpüree gründlich um, und geben Sie noch etwas Milch hinzu, falls das Püree noch zu trocken sein sollte.

Kartoffelchips selbstgemacht

Zutaten:

4 große Kartoffeln, Paprikapulver, Salz und Pfeffer

Zubereitung:

Waschen und trocknen Sie die geschälten Kartoffeln. Schneiden Sie sie anschließend in sehr dünne Scheiben. Legen Sie diese für ca. 1 Stunde in ein Gefrierfach.

In der Friteuse frittieren Sie die Kartoffelchips an. Sie nehmen die Chips aus der Friteuse heraus und lassen sie auf einem Küchenpapier abtropfen bzw. das Fett einziehen. Danach geben Sie die Chips erneut in die Friteuse und frittieren sie so lange, bis sie knusprig goldbraun geworden sind.

Bestreuen Sie die fertigen Chips mit etwas Paprikapulver, Salz und Pfeffer.

Kartoffeln mit Bohnengemüse

Zutaten:

400 g Stangenbohnen, 200 g Kartoffeln, 1 Stengel Bohnenkraut, 30 g frischen Schinken am Stück, ½ TL Gemüsebrühe, ½ TL Senf, 1 TL Mondamin, etwas Salz

Zubereitung:

Putzen und waschen Sie die Bohnen. Schneiden Sie sie in kleine Stücke, und kochen Sie diese in Salzwasser gar. Geben Sie das Bohnenkraut zum Würzen hinzu.

Schälen und waschen Sie die Kartoffeln. Geben Sie die klein geschnittenen Kartoffeln in einem separaten Topf mit etwas Salzwasser. Geben Sie nach ca. 15 Minuten Garzeit die bereits gekochten Bohnen zu den Kartoffeln.

Schneiden Sie den Schinken in kleine Würfel, und geben Sie diese zu dem Gemüse. Fügen Sie dann das Mondamin zum Andicken hinzu. Schmecken Sie das Gemüse mit etwas Senf und der Gemüsebrühe ab.

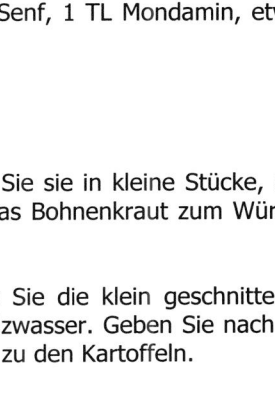

Kartoffel-Scones

Zutaten:

500 g Kartoffelpüree, 70 g Vollkornmehl, 30 g Butter, etwas Salz und Öl

Zubereitung:

Bereiten Sie das Kartoffelpüree nach Ihrem Belieben zu (z. B. Walnuss-Kartoffelpüree in diesem Kapitel), und ergänzen Sie dies mit etwas Salz und Butter.

Sieben Sie dann das Mehl in den Kartoffelbrei, und verrühren Sie alles zu einem festen Kartoffelteig.

Formen Sie aus dem Teig portionsweise mittelgroße Teigkugeln. Geben Sie diese anschließend in das in der Pfanne erhitzte Öl, und drücken Sie sie mit einem Löffel flach. Braten Sie die Kartoffel-Scones von beiden Seiten goldbraun an.

Blechkartoffeln mit Basilikum

Zutaten für 4 Portionen:

1 kg Kartoffeln, 100 g geriebener Emmentaler, 6 EL Rapsöl, 3 Knoblauch-zehen, 2 Bund Basilikum, etwas Salz und Pfeffer

Zubereitung:

Reinigen Sie die Kartoffeln gründlich, und halbieren Sie sie anschließend. Mit der Schnittfläche nach unten legen Sie die Kartoffeln in eine eingefettete flache Auflaufform. Backen Sie die Auflaufform nun im vorgeheizten Backofen ca. 15 Minuten bei 200 °C.

Waschen Sie das Basilikum, und hacken Sie es klein. Vermischen Sie es dann mit dem geriebenen Emmentaler, und geben Sie das Öl hinzu, bis eine zähe Masse entsteht. Schmecken Sie mit etwas Salz und Pfeffer ab.

Schneiden Sie den geschälten Knoblauch in dünne Scheiben. Legen Sie jeweils zwei Scheiben Knoblauch auf die Schnittflächen der vorgebackenen Kartoffeln. Geben Sie dann jeweils einen TL der Käse-Basilikumcreme darauf.

Legen Sie die Kartoffeln mit der Schnittfläche nach oben in die eingefettete Auflaufform. Im vorgeheizten Backofen backen Sie die Kartoffeln ca. 10 Minuten bei 200 °C.

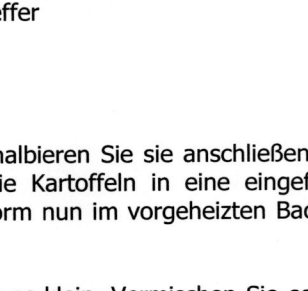

Kartoffelpuffer

Zutaten für 4 Personen:

1,5 kg Kartoffeln, 1 Ei, 1 TL Salz, etwas Öl

Zubereitung:

Waschen und schälen Sie die Kartoffeln. Raspeln Sie sie anschließend mit einer Reibe, und rühren Sie dann das Salz unter. Lassen Sie die Raspeln ca. 30 Minuten stehen und durchziehen, danach pressen Sie sie mit den Händen aus. Rühren Sie dann das Ei unter. Geben Sie die Kartoffelraspeln portionsweise in eine mit Öl erhitzte Pfanne. Drücken Sie die Puffer platt, und braten Sie sie beidseitig goldgelb.

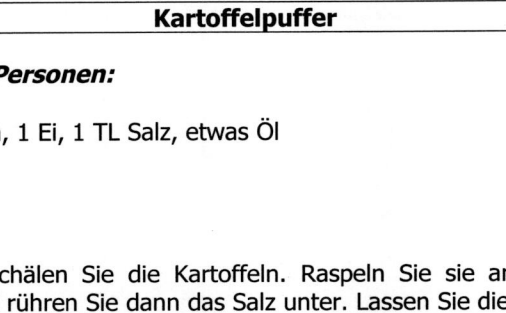

Kartoffeln mit Zwiebeln

Zutaten:

800 g Kartoffeln, 80 g geriebener Hartkäse, 250 ml Milch, 2 EL Butter, 100 ml Gemüsebrühe, 4 mittelgroße Zwiebeln, 1 EL Mehl, etwas Salz und Pfeffer

Zubereitung:

Kochen Sie die Kartoffeln ca. 20 Minuten lang als Pellkartoffeln. Lassen Sie sie anschließend abkühlen, und entfernen Sie die Schale. Schälen Sie die Zwiebeln, und schneiden Sie sie in kleine Würfel.

Für die Soße geben Sie die zerkleinerten Zwiebeln in einen mit 2 EL Butter erhitzten Topf und dünsten diese glasig. Danach bestäuben Sie die Zwiebeln mit Mehl und schwitzen sie an. Geben Sie dann Milch und die Gemüsebrühe hinzu. Kochen Sie alles kurz auf, und lassen Sie die Soße dann bei niedriger Temperatur ca. 5 Minuten köcheln.

Die Pellkartoffeln schneiden Sie in dünne Scheiben. Legen Sie die Scheiben schichtweise in eine zuvor eingefettete Auflaufform. Nach jeder Kartoffel-schicht geben Sie etwas Soße darüber. Nachdem Sie alle Kartoffelscheiben verwendet haben, geben Sie den geriebenen Käse und die Sahne über den Auflauf. Stellen Sie die Auflaufform in einen aufgewärmten Backofen, und backen Sie den Auflauf ca. 20 Minuten bei 200 °C.

Fettarme Bratkartoffeln

Zutaten:

0,5 kg fest kochende Kartoffeln, 100 g Speckaufschnitt in Streifen geschnitten, etwas geriebener Hartkäse

Zubereitung:

Waschen und putzen Sie die Kartoffeln gründlich. Schneiden Sie sie dann in ca. 0,5 cm dicke Scheiben. Diese legen Sie auf ein mit Backpapier ausgelegtes Backblech. Backen Sie die Kartoffeln bei 200 °C, bis sie goldbraun geworden sind. Streuen Sie dann den Käse und die Speckstreifen auf die Bratkartoffeln, und backen Sie sie weitere ca. 5 Minuten.

Kartoffel-Gnocchi

Zutaten:

1 kg mehlig kochende Kartoffeln, 100 g Vollkornmehl, 2 Eigelb, 50 g Butter, 100 g Parmesan, 130 g Ricotta, etwas Salz und Pfeffer

Zubereitung:

Waschen Sie die Kartoffeln gründlich ab, und kochen Sie sie anschließend etwa 30 Minuten als Pellkartoffeln gar. Lassen Sie sie kurz abdampfen, und ziehen Sie die Schale ab. Drücken Sie die Pellkartoffeln durch eine Kartoffelpresse, und lassen Sie die Kartoffelmasse anschließend abkühlen.

Fügen Sie dann den Ricotta, das Mehl und die Eigelbe hinzu. Verrühren Sie alles, und schmecken Sie den Teig mit Salz und Pfeffer ab.

Formen Sie aus dem Teig mit bemehlten Händen ca. 1 cm dicke Rollen, und schneiden Sie hiervon jeweils ca. 2 cm lange Stücke ab. Damit ein Rillenmuster entsteht, drücken Sie jeweils eine Seite der Stücke mit einer Gabel ein.

Geben Sie die Gnocchi in einen Topf mit leicht kochendem Salzwasser. Die Gnocchi werden darin so lange gegart, bis sie auf der Wasseroberfläche schwimmen.

In einer Pfanne erhitzen Sie die Butter und gießen diese über die auf dem Teller angerichteten Gnocchi. Streuen Sie anschließend Parmesankäse darüber.

Putenragout mit Trauben

Zutaten für 4 Personen:

600 g Putenbrust, 500 g blaue Weintrauben, 125 g Pfifferlinge, ½ l Hühnerbrühe (Instant), 4 EL Sahne, 30 g Mehl, etwas Zitronensaft, Salz, Pfeffer und Petersilie

Zubereitung:

Nachdem Sie das Putenfleisch abgewaschen haben, tupfen Sie es mit einem Küchenpapier trocken. Geben Sie die Hühnerbrühe und das Putenfleisch in einen geschlossenen Topf und garen es ca. 35 Minuten.

Nehmen Sie anschließend das Putenfleisch aus dem Topf, und schneiden Sie es in Würfel.

Für die Soße verrühren Sie die Sahne mit dem Mehl. Geben Sie etwas Salz, Pfeffer und Zitronensaft hinzu, und rühren Sie alles um.

Waschen, halbieren und entkernen Sie die Weintrauben.

Lassen Sie die Pfifferlinge abtropfen, und schneiden Sie diese in kleinere Stücke. Zusammen mit den entkernten Weintrauben und dem gewürfelten Putenfleisch geben Sie die Pfifferlinge in die Soße. Rühren Sie alles kräftig um und schmecken es mit Salz und Pfeffer ab.

Streuen Sie die zerkleinerte Petersilie darüber.

Tipp:

Zu dem Putenragout schmecken Beilagen wie Reis und Nudeln.

Hühnersuppe mit Ei und Gemüse

Zutaten für 3 Portionen:

400 g Hühnerklein, 2 Hähnchenbrustfilets, 2 Eier, 1 Bund frisches Suppengemüse, 1/8 l Milch, 1 Bund Schnittlauch, 1 Bund Petersilie, etwas Senf, Salz,
Pfeffer und Sojasoße

Zubereitung:

Das Suppengemüse wird gewaschen, geputzt und kleingeschnitten. Zusam-
men mit dem gewaschenen Hühnerklein bringen Sie das Suppengemüse in 1 l
Salzwasser zum Kochen, danach lassen Sie es ca. 45 Minuten garen. Sieben
Sie die Brühe durch, und würzen Sie sie mit Senf, Salz, Pfeffer und Sojasoße.
Schneiden Sie die Hähnchenbrustfilets in Stücke, und garen Sie diese 10 Minu-
ten in der Suppe. Schmecken Sie mit Salz und Pfeffer ab.

Verrühren Sie in einer Schüssel die Eier mit der Milch und Salz und Pfeffer.
Schneiden Sie die Petersilie und das Schnittlauch klein. Geben Sie jeweils die
Hälfte zu der Eiermasse. Füllen Sie die Eiermilch in 2 eingefettete Tassen, und
decken Sie diese mit Alufolie ab. In einem Wasserbad lassen Sie die Eiermilch
ca. 20 Minuten stocken. Danach stürzen und würfeln Sie den Eierstich. Geben
Sie die Würfel in die Suppe, und bestreuen Sie diese mit dem restlichen
Schnittlauch und der Petersilie.

Hähnchen-Geschnetzeltes

Zutaten:

300 g Hähnchenfilet, 0,5 l Gemüsebrühe, 1 kleine Tube Tomatenmark, etwas
Mehl, Salz und Pfeffer

Zubereitung:

Schneiden Sie das Hähnchenfilet in schmale Streifen, und dünsten Sie diese
ca. 10 Minuten an. Dann braten Sie die Streifen in einer mit Margarine
erhitzten Pfanne und bestäuben sie mit etwas Mehl. Geben Sie die Gemüsebrühe hinzu und rühren dann das Tomatenmark unter. Schmecken Sie mit Salz
und Pfeffer ab. Servieren Sie zu dem Hähnchenfleisch einen Salat- oder
Gemüseteller.

Hähnchen im Weintraubensalat

Zutaten für 3 Personen:

200 g Hähnchenbrustfilet, ½ Kopfsalat, 100 g frische Champignons, je 100 g blaue und grüne Weintrauben, Saft von 1 kleinen Zitrone, etwas Salz und Pfeffer, 1 EL Butter, 1 EL Weinessig oder Brottrunk, 5 EL Sonnenblumenöl, ½ Bund Petersilie

Zubereitung:

Das Hähnchenfilet wird nach dem Waschen in Streifen geschnitten und mit etwas Salz und Pfeffer gewürzt und im Zitronensaft mariniert. Schneiden Sie die gereinigten Pilze in dünne Scheiben. Braten Sie sie zusammen mit den Hähnchenstreifen ca. 12 Minuten in heißem Fett.

Putzen und waschen Sie den Salat. Lassen Sie ihn dann abtropfen. Nachdem Sie die Weintrauben gewaschen haben, werden diese halbiert und entkernt.

Für die Marinade verrühren Sie den Weinessig oder Brottrunk mit 1 EL Zitronensaft.

Richten Sie das Hähnchenfilet mit den Champignons, dem Salat und den Trauben portionsweise auf Tellern an. Geben Sie die Marinade darüber, und bestreuen Sie den Salat mit der zerkleinerten Petersilie.

Tipp:

Als Beilage schmeckt getoastetes Vollkornbrot mit etwas Butter.

Hähnchen-Wildreis-Pilz-Risotto

Zutaten für 1 Person:

100 g Wildreismischung, 50 g Hähnchenfilet, 100 g frische Pilze, 220 ml Gemüsebrühe, 1 Lauchzwiebel, 1 EL gehackte Petersilie, 2 TL Sonnenblumenöl, etwas geriebener Gouda, Muskat, Salz und Pfeffer

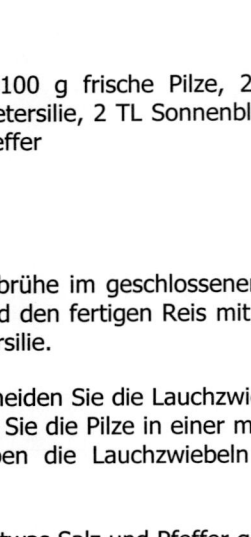

Zubereitung:

Lassen Sie die Wildreismischung in der Gemüsebrühe im geschlossenen Topf ca. 20 Minuten köcheln. Würzen Sie anschließend den fertigen Reis mit etwas Muskat, Salz und Pfeffer und der gehackten Petersilie.

Reinigen Sie die Pilze und die Lauchzwiebel. Schneiden Sie die Lauchzwiebel in dünne Scheiben und die Pilze in Viertel. Dünsten Sie die Pilze in einer mit dem Sonnenblumenöl erhitzten Pfanne an und geben die Lauchzwiebeln dazu. Würzen Sie mit etwas Salz und Pfeffer.

Das Hähnchenfilet wird nach dem Waschen mit etwas Salz und Pfeffer gewürzt und im Zitronensaft mariniert. Nach dem Abtropfen braten Sie es ca. 12 Minuten im heißen Fett. Schneiden Sie das Fleisch dann in Scheiben. Geben Sie das Hähnchenfleisch, den Reis und die Pilze auf einen Teller. Streuen Sie etwas geriebenen Gouda darüber.

Hähnchen-Wirsingsalat

Zutaten für 2 Portionen:

280 g Wirsing, 250 g frische Ananas, 150 g Hähnchenfleisch, 2 EL Ananassaft, etwas Petersilie und Pfeffer

Zubereitung:

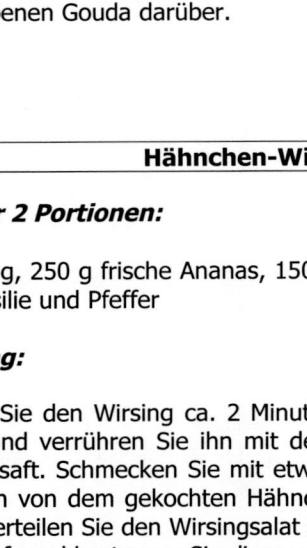

Blanchieren Sie den Wirsing ca. 2 Minuten in Salzwasser. Lassen Sie ihn gut abtropfen, und verrühren Sie ihn mit den gewürfelten Ananasstückchen und dem Ananassaft. Schmecken Sie mit etwas Pfeffer ab. Entfernen Sie die Haut und Knochen von dem gekochten Hähnchenfleisch, und schneiden Sie dieses in Stücke. Verteilen Sie den Wirsingsalat auf 2 Teller, geben Sie die Hähnchenstücke darauf, und bestreuen Sie diese mit der zerhackten Petersilie.

Vollkornspaghetti mit Fisch

Zutaten für 2 Portionen:

130 g Vollkornspaghetti, 70 g Brokkoli, 300 g tiefgefrorenes Fischfilet mit Pilzsoße, etwas Petersilie

Zubereitung:

Bereiten Sie den Fisch nach Angaben der Packungsbeilage zu. Zerteilen Sie den Fisch in der Soße mit einer Gabel.

Kochen Sie die Spaghetti ca. 10 Minuten in Salzwasser, bis sie al dente sind.

Waschen Sie den Brokkoli, und schneiden Sie ihn in mundgerechte Röschen. Kochen Sie diese ca. 10 Minuten in Salzwasser, bis sie bissfest sind. Verrühren Sie den Brokkoli dann mit dem Fisch.

Geben Sie die abgetropften Spaghetti auf 2 Teller, und gießen Sie die Fischsoße darüber. Bestreuen Sie mit etwas fein gehackter Petersilie.

Fischcreme

Zutaten:

100 g gekochter Kabeljau, 1 EL Kräutermayonnaise, 2 Zitronenscheiben, 2 EL gekochte Erbsen, 1 EL feine Haferflocken, etwas Pfeffer

Zubereitung:

Zerkleinern Sie den gekochten Kabeljau mit einer Gabel, und vermischen Sie den Fisch mit den gekochten Erbsen, der Mayonnaise und dem Pfeffer.

Tipp:

Die Fischcreme schmeckt hervorragend zu getoastetem Vollkornbrot oder zu Pellkartoffeln.

Spinat-Fischauflauf

Zutaten für 4 Portionen:

1 kg Kartoffeln, 300 g tief gefrorener Blattspinat, 75 g Butterschmalz, 500 g Kabeljaufilet, 2 Zwiebeln, 1 Zitrone, 50 g Butter, 2 EL Senf, etwas Salz und Pfeffer

Zubereitung:

Lassen Sie den Blattspinat entsprechend der Packungsanweisung auftauen.

Schälen Sie die Kartoffeln, und schneiden Sie diese in dünne Scheiben. Im erhitzten Butterschmalz braten Sie die Kartoffelscheiben goldgelb. Würzen Sie sie mit etwas Salz und Pfeffer.

Waschen Sie das Kabeljaufilet, und tupfen Sie es mit einem Küchenpapier trocken. Anschließend schneiden Sie das Filet in 2 cm dicke Streifen. Beträufeln Sie diese mit etwas Zitronensaft.

Hacken Sie die Zwiebeln fein, und dünsten Sie sie in 25 g erhitztem Fett an. Fügen Sie den Spinat hinzu, und dünsten Sie 5 Minuten. Würzen Sie mit Salz, Pfeffer und Senf.

Füllen Sie ein Drittel der Kartoffelscheiben in eine eingefettete Auflaufform. Verteilen Sie darin die Hälfte der Fischstreifen und die Hälfte des Spinats. Wiederholen Sie dies, und schließen Sie mit einer Schicht Kartoffelscheiben ab. Würzen Sie mit etwas Salz und Pfeffer, und streichen Sie das restliche zerlassene Fett darauf.

Backen Sie die Auflaufform ca. 20 Minuten bei 180 °C in dem vorgeheizten Backofen.

Thunfisch-Ananas-Salat

Zutaten:

200 g Thunfisch aus der Dose, 250 g Ananas aus der Dose, 1 großen geschälten Apfel, ½ kleine Sellerieknolle, Saft von 1 Zitrone, 100 g Mayonnaise, etwas Salz und Schnittlauch

Zubereitung:

Schneiden Sie die Ananas, den geschälten Apfel und den Thunfisch in Würfel. Dann raspeln Sie die Sellerieknolle fein und geben diese zusammen mit den gewürfelten Zutaten in eine Salatschüssel.

In einer separaten Schüssel verrühren Sie die Mayonnaise mit dem Ananassaft und fügen den Zitronensaft und etwas Salz hinzu. Verrühren Sie diese Zutaten zu einer Soße.

Gießen Sie die Soße über den Salat, und vermengen Sie alle Zutaten. Lassen Sie den Salat anschließend durchziehen, und verzieren Sie ihn vor dem Servieren mit dem Schnittlauch.

Rotbarschfilet

Zutaten für 2 Personen:

4 Rotbarschfilets, 1 Zwiebel, 4 entkernte Oliven, 1 Knoblauchzehe, etwas Olivenöl, Petersilie, Salz und Pfeffer

Zubereitung:

Legen Sie das abgewaschene Fischfilet auf eine ausgebreitete Alufolie. Würzen Sie das Filet mit klein gehackter Petersilie, Salz und Pfeffer.

Schneiden Sie die Zwiebel, Oliven und Knoblauchzehe in kleine Würfel, und streuen Sie diese auf den Fisch. Träufeln Sie anschließend etwas Olivenöl darauf, und schließen Sie die Alufolie. Backen Sie den Fisch ca. 35 Minuten im vorgeheizten Backofen bei 180 °C.

Reichen Sie zu dem Fischfilet einen (Gemüse-) salat.

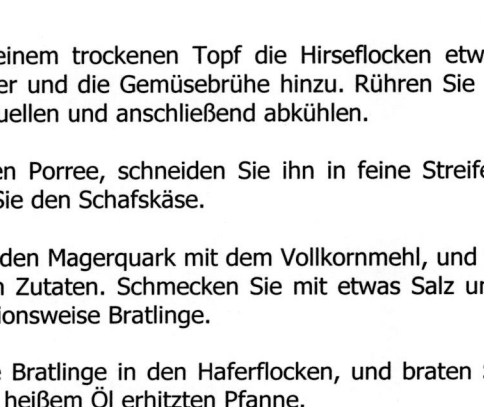

Hirsebratlinge

Zutaten:

100 g Hirseflocken, 300 ml Wasser, 1 TL Gemüsebrühe, 80 g Porree, 80 g Vollkornmehl, 100 g feine Haferflocken, 80 g Schafskäse, 50 g Magerquark, etwas Öl, Salz und Pfeffer

Zubereitung:

Rösten Sie in einem trockenen Topf die Hirseflocken etwas an. Geben Sie dann das Wasser und die Gemüsebrühe hinzu. Rühren Sie alles um, und lassen Sie es ausquellen und anschließend abkühlen.

Reinigen Sie den Porree, schneiden Sie ihn in feine Streifen, und garen Sie diese. Würfeln Sie den Schafskäse.

Vermengen Sie den Magerquark mit dem Vollkornmehl, und verkneten Sie dies mit den übrigen Zutaten. Schmecken Sie mit etwas Salz und Pfeffer ab, und formen Sie portionsweise Bratlinge.

Wenden Sie die Bratlinge in den Haferflocken, und braten Sie sie dann beidseitig in der mit heißem Öl erhitzten Pfanne.

Buchweizenfrikadellen

Zutaten:

200 g Buchweizenflocken, 20 g feine Haferflocken, ½ l Wasser, 50 g Schafs-käse, 3 TL Margarine, Butter, Basilikum, Thymian, Majoran

Zubereitung:

Vermischen Sie die Buchweizenflocken mit dem Wasser, der Margarine und den Kräutern, und kochen Sie dies anschließend 5 Minuten lang im Topf.

Anschließend lassen Sie den Teig 30 Minuten lang quellen und schneiden den Schafskäse in kleine Würfel. Sobald der Teig abgekühlt ist, mischen Sie die Schafskäsestückchen unter den Teig und formen anschließend kleine Frikadellen.

In einer Pfanne schmelzen Sie die Butter und braten dann die geformten Frikadellen abwechselnd von beiden Seiten.

Möhrenbratlinge

Zutaten für 4 Personen:

500 g Möhren, 100 g Magerquark, 100 g grobe Haferflocken, 50 g Buch-weizenflocken, 50 g Gouda, 2 EL Petersilie, 1 EL Olivenöl, etwas Salz und Pfeffer

Zubereitung:

Schälen und waschen Sie die Möhren. Schneiden Sie sie dann in kleine Würfel, und kochen Sie sie in Salzwasser gar.

Vermengen Sie die abgetropften Möhrenwürfel mit dem Quark. Geben Sie die Buchweizenflocken, Haferflocken, den klein geschnittenen Gouda und die zerhackte Petersilie dazu, und verrühren Sie alles mit einem Stabmixer. Würzen Sie den Teig mit etwas Salz und Pfeffer.

Formen Sie aus dem Teig portionsweise Bratlinge, und braten Sie diese dann beidseitig in einer mit heißem Olivenöl erhitzten Pfanne.

Grünkernbratlinge

Zutaten:

250 g Grünkerne grob geschrotet, knapp 1 l Wasser, 50 g feine Haferflocken, ½ Zwiebel, 1 Ei, 2 EL Paniermehl, 2 EL gehackte Kräuter, etwas Salz, Butter und Backfett

Zubereitung:

Lassen Sie die geschroteten Grünkerne in Salzwasser aufkochen und anschließend 5 weitere Minuten köcheln. Dann lassen Sie den Grünkernbrei bei kleinster Hitze ca. 15 Minuten quellen. Lassen Sie den Brei etwas abkühlen, und geben Sie anschließend etwas Butter, die gehackten Kräuter, das Ei, das Paniermehl und die angedünsteten Zwiebelwürfel hinzu. Formen Sie mithilfe eines Esslöffels kleine Klöße, drücken Sie diese flach, wenden Sie sie in den Haferflocken, und braten Sie sie in einer mit Backfett erhitzten Pfanne von beiden Seiten goldbraun.

Tipp:

Sie können den Geschmack intensivieren, indem Sie in dem kochenden Wasser einen Gemüsewürfel auflösen und mit dem Grünkernschrot vermengen.

Tofubratlinge

Zutaten:

400 g Tofu, 50 g Vollkornmehl, 20 g feine Haferflocken, 2 EL Olivenöl, 2 EL Zitronensaft, 2 EL Sojasoße, 2 EL Brottrunk, etwas Petersilie, Salz und Pfeffer

Zubereitung:

Für die Marinade verrühren Sie die Sojasoße, den Brottrunk, Zitronensaft und etwas Salz und Pfeffer. Schneiden Sie den Tofu in Scheiben, und legen Sie diese ca. 20 Minuten in die Marinade ein. Danach wenden Sie die Tofuscheiben im mit den Haferflocken vermischten Mehl und braten sie in einer mit Olivenöl erhitzten Pfanne von beiden Seiten an. Bestreuen Sie die fertigen Tofubratlinge mit der fein gehackten Petersilie.

Buchweizenpfannis

Zutaten:

150 g Vollkornmehl, 100 g Buchweizenmehl, ½ l lauwarme Milch, 1 TL Zucker, 3 EL Crème fraiche, 2 Eier, 125 g Butterschmalz, 20 g Butter, 20 g Hefe, ½ TL Salz

Zubereitung:

Das Mehl wird zusammen mit der Hefe, Milch, dem Zucker und Salz verrührt und anschließend zugedeckt, um den Teig gehen zu lassen.

Die geschmolzene Butter vermengen Sie nun mit Crème fraiche und dem Eigelb und geben dies zum Hefeteig. Schlagen Sie das Eiweiß steif, und heben Sie es unter den Teig.

Erhitzen Sie das Butterschmalz in einer Pfanne, und füllen Sie den Teig portionsweise mit einem Esslöffel ein. Backen Sie die kleinen Pfannkuchen beidseitig.

Die Buchweizenpfannis schmecken heiß sehr gut zu Fisch oder Lammsteak.

Kichererbsen-Kartoffel-Bratlinge

Zutaten:

500 g gekochte Kichererbsen, 3 mittelgroße Kartoffeln, 30 g feine Haferflocken, 1 Zwiebel, 2 Knoblauchzehen, 1 Bund Petersilie, etwas Salz, Pfeffer und Öl

Zubereitung:

Kochen Sie die Kartoffeln in Salzwasser gar. Geben Sie diese zu den gekochten Kichererbsen und Haferflocken, und vermengen Sie dies mit einem Stabmixer. Rühren Sie danach die fein gehackten Zwiebel- und Knoblauchwürfel und Petersilie unter. Schmecken Sie mit etwas Salz und Pfeffer ab.

Formen Sie mithilfe eines Esslöffels portionsweise Bratlinge, die Sie in einer mit Öl erhitzten Pfanne beidseitig goldgelb braten.

Vollkornpfannkuchen

Zutaten:

100 g Vollkornmehl, 300 ml Milch, ¼ TL Backpulver, 1 Ei, 1 TL Sonnenblumenöl, etwas Salz, Öl für die Pfanne

Zubereitung:

Geben Sie das Mehl, Ei, Backpulver, die Milch und 1 TL Sonnenblumenöl in eine Schüssel, und verrühren Sie alles zu einem sämigen klumpenfreien Teig. Stellen Sie den Teig ca. 15 Minuten zum Abkühlen in den Kühlschrank. Bevor Sie den Teig anwenden, rühren Sie ihn noch mal kurz um.

Fetten Sie die Pfanne leicht mit dem Sonnenblumenöl ein, und erhitzen Sie dies bei mittlerer Temperatur. Geben Sie dann mit einer Schöpfkelle den Teig portionsweise in die Pfanne und lassen Sie diesen verlaufen. Sobald sich auf der noch nicht gebackenen Seite Blasen bilden, wird der Pfannkuchen gewendet. Servieren Sie die Pfannkuchen, wenn sie von beiden Seiten goldgelb gebacken sind.

Pfannkuchen mit Käse

Zutaten für 4 Portionen:

150 g Vollkornmehl, 280 ml Milch, 80 g Frischkäse, 2 Eier, etwas Salz und Butter

Zubereitung:

Verrühren Sie die Eier mit der Milch, dem Frischkäse und Salz. Geben Sie dann unter stetigem Rühren das Mehl löffelweise hinzu.

Den fertigen Teig geben Sie portionsweise in eine mit Butter erhitzte Pfanne. Backen Sie die Pfannkuchen beidseitig goldgelb.

Süße Hirsepfannkuchen

Zutaten:

100 g Hirseflocken, 100 ml Sahne, 4 Eier, 4 EL Vollkornmehl, ¼ l Milch, Vanillearoma, 2 EL Honig, 1 Tasse Fruchtgelee (z. B. Aprikosen oder Orangengelee), etwas Butter, feine Haferflocken

Zubereitung:

Geben Sie die Milch, Hirse und das Vanillearoma in einen Topf, und kochen Sie diese Zutaten ca. 8 Minuten. Nehmen Sie den Topf anschließend von der Herdplatte, und lassen Sie die Hirse ca. 15 Minuten aufquellen.

Anschließend geben Sie die Eier und Sahne hinzu und verrühren alles. Zum Binden rühren Sie das Vollkornmehl unter. Schmecken Sie anschließend mit dem Honig ab.

Jetzt geben Sie den Teig portionsweise in eine mit Butter erhitzte Pfanne und backen die Pfannkuchen beidseitig goldbraun.

Bestreichen Sie die fertigen Pfannkuchen mit dem Gelee, und bestreuen Sie sie dann nach Belieben mit feinen Haferflocken.

Apfel-Dinkel-Pfannkuchen

Zutaten:

250 g Dinkelmehl, 1 kg Äpfel, ½ l Sojamilch, ½ TL Backpulver, 1 TL Reissirup, etwas Salz, etwas Öl

Zubereitung:

Waschen und entkernen Sie die Äpfel, und schneiden Sie sie dann in kleine Stücke. Die restlichen Zutaten geben Sie in eine Schüssel und verrühren diese zu einem Teig. Dann geben Sie die Apfelstücke hinzu und rühren diese unter den Teig.

In einer mit Öl erhitzten Pfanne backen Sie die Pfannkuchen portionsweise von beiden Seiten goldgelb.

Brokkolisuppe – auch mit Lachs

Zutaten für 4 Personen:

750 g Brokkoli, ¾ l Wasser, 1 ½ Brühwürfel, 2 Knoblauchzehen, 150 g Sahne, 1 EL Butter, etwas Salz und Pfeffer

Zubereitung:

Reinigen Sie den Brokkoli, und zerteilen Sie ihn in mundgerechte Röschen. Die Stile schneiden Sie in kleine Würfel. Entfernen Sie die Schale von den Knoblauchzehen, und schneiden Sie diese anschließend in kleine Stückchen. Erhitzen Sie das Fett, und dünsten Sie darin die Brokkoliwürfel und den Knoblauch. Nach wenigen Minuten fügen Sie ¾ Liter Wasser und den Brühwürfel hinzu. Lassen Sie alles zusammen nun 5 Minuten köcheln.

Geben Sie jetzt die Brokkoliröschen hinzu, und garen Sie weitere 10 Minuten. Nehmen Sie anschließend ein paar Röschen raus, und verwenden Sie diese später zur Dekoration auf der Suppe. Pürieren Sie die Suppe nun mit einem Stabmixer.

Geben Sie dann die Sahne in den Topf, und schmecken Sie die Suppe mit Salz und Pfeffer ab. Füllen Sie die Suppe anschließend auf 4 Teller, und dekorieren Sie diese mit ein paar Brokkoliröschen.

Verfeinern Sie die Suppe mit Lachs. Hierfür verwenden Sie tiefgefrorenen Lachs. Sobald sich der Lachs schneiden lässt, teilen Sie das Lachsfilet in kleine mundgerechte Stücke und geben diese zusammen mit dem Knoblauch in den Topf. So kann er während der Zubereitung lang genug garen.

Erbsensuppe

Zutaten für 4 Personen:

180 g Trockenerbsen, 1 l Wasser, 1 Würfel Gemüsebrühe, 2 große Zwiebeln, 140 g Sellerieknolle, 1 TL Senf, ½ Bund Petersilie, etwas Salz und Pfeffer

Zubereitung:

Lassen Sie die Erbsen über Nacht in 1 l kaltem Wasser einweichen. Am nächsten Tag bringen Sie die Erbsen mit den fein gehackten Zwiebeln und dem gewürfelten Sellerie in dem Einweichwasser zum Kochen. Bei niedriger Stufe lassen Sie die Suppe im zugedeckten Topf 2 – 3 Stunden köcheln.

Nach etwa 1 Stunde geben Sie die Gemüsebrühe hinzu.

Schmecken Sie die fertig gekochte Suppe mit dem Senf und etwas Salz und Pfeffer ab. Verteilen Sie die Suppe portionsweise auf 4 Teller, und garnieren Sie diese mit der fein gehackten Petersilie.

Gemüsecremesuppe

Zutaten:

2 Zwiebeln, 400 ml Schlagsahne, 1 Liter Gemüsebrühe, 750 g tief gefrorenes Suppengemüse, 1 TL Senf, je 2 Prisen Salz und Pfeffer, 2 EL Sonnenblumenöl

Zubereitung:

Nachdem Sie die Zwiebeln gewürfelt haben, dünsten Sie diese im heißen Öl an. Gießen Sie die Gemüsebrühe auf, und bringen Sie diese zum Kochen.

Geben Sie jetzt das Gemüse mit dem Senf, Salz und Pfeffer hinzu. Lassen Sie die Suppe ca. 15 Minuten lang im geschlossenen Topf kochen.

Anschließend pürieren Sie die Suppe mit einem Stabmixer, und schmecken sie mit Salz und Pfeffer ab.

Kartoffel-Lauch-Möhrensuppe

Zutaten:

750 g Kartoffeln, 500 g Lauch, 200 g Möhren, 1 l Gemüsebrühe, 2 Lorbeerblätter, 1 Bund Petersilie, 100 g Sahnequark, 1 TL Senf, etwas Salz und Pfeffer

Zubereitung:

Reinigen Sie die Kartoffeln und Möhren, und schneiden Sie diese anschließend in dünne Scheiben. Richten Sie die Gemüsebrühe an, geben Sie die Kartoffeln, Möhren und Lorbeerblätter hinzu, und bringen Sie die Suppe langsam zum Kochen. Nach dem Aufkochen lassen Sie sie weitere 20 Minuten lang auf leichter Stufe garen.

Reinigen Sie währenddessen die Lauchstangen. Halbieren Sie diese dann längsseitig, und schneiden Sie dünne Halbringe. Geben Sie diese Lauchringe während der letzten 10 Minuten zusammen mit dem Senf zu der köchelnden Suppe.

Nach dem Garen rühren Sie den Sahnequark ein und schmecken die Suppe mit Salz und Pfeffer ab. Hacken Sie die Petersilie klein, und streuen Sie diese über die Suppe, nachdem Sie diese auf 4 Teller verteilt haben.

Möhrenrahmsuppe

Zutaten:

500 g Möhren, 2 Kartoffeln, ¾ l Gemüsebrühe, 150 ml Crème fraiche, ½ Bund Basilikum, etwas Salz, Pfeffer und Muskat

Zubereitung:

Schneiden Sie die Möhren und Kartoffeln in Würfel, und kochen Sie sie in der Gemüsebrühe auf. Anschließend lassen Sie sie bei kleinerer Hitze ca. 25 Minuten köcheln. Geben Sie dann Crème fraiche hinzu und schmecken die Suppe mit Salz, Pfeffer und Muskat ab.

Schneiden Sie das Basilikum in kleine Streifen, und geben Sie es kurz vor dem Servieren in die Suppe.

Linsensuppe

Zutaten für 4 Portionen:

180 g getrocknete Linsen, 60 g Möhren, 1 Suppenwürfel, 1 TL Senf, 2 Zwiebeln, 1 l Wasser, 1 Zitrone, etwas Schnittlauch, Salz und Pfeffer

Zubereitung:

Weichen Sie die getrockneten Linsen über Nacht in kaltem Wasser ein.

Am nächsten Tag geben Sie den Zitronensaft mit den klein gehackten Zwiebelstückchen und gewürfelten Möhren in einen großen Suppentopf. Geben Sie die Linsen mit dem Einweichwasser, dem zerkleinerten Suppenwürfel, Senf und etwas Salz und Pfeffer hinzu. Lassen Sie die Suppe kurz aufkochen, und reduzieren Sie die Hitze.

Bei niedriger Stufe lassen Sie die Suppe ca. 1,5 Stunden im zugedeckten Topf kochen. Die Suppe ist fertig, sobald die Linsen weich und mehlig sind. Verteilen Sie die Suppe auf 4 Teller, und dekorieren Sie sie mit dem Schnittlauch.

Kürbissuppe

Zutaten für 2 Personen:

300 g Kürbisfleisch, 150 g Möhren, 1 kleine Zwiebel, 1 EL Mandelblättchen, 3/8 l Gemüsebrühe, 1 EL Vollkornmehl, 2 EL Sahne, 1 EL Butter, etwas Salz und Pfeffer, 1 EL Mandeln

Zubereitung:

Schneiden Sie das Kürbisfleisch, die Möhren und die Zwiebel in kleine Würfel. Dünsten Sie die Zwiebel in der Butter an, und geben Sie anschließend den Kürbis und die Möhren hinzu. Gießen Sie die 3/8 Liter Gemüsebrühe auf, und garen Sie das Gemüse 15 Minuten.

Dann pürieren Sie das Gemüse mit einem Stabmixer und schmecken es mit Salz, Pfeffer, Ingwerpulver und der Sahne ab. Füllen Sie die Suppe auf 2 Teller, und streuen Sie die Mandelblättchen darüber.

Rote Bete Suppe

Zutaten:

1 kg Rote Bete, 800 ml Gemüsebrühe, 2 l Salzwasser, 2 Äpfel, ¼ Liter Apfelsaft, 2 Zwiebeln, 2 EL Sonnenblumenöl, 200 ml Sahne, etwas Zucker, Salz und Pfeffer

Zubereitung:

Waschen Sie die Rote Bete gründlich, und kochen Sie sie mit der Schale in kochendem Salzwasser. Insgesamt lassen Sie sie ca. 50 Minuten garen. Sobald die Rote Bete abgekühlt ist, schneiden Sie diese in kleine Würfel.

Schneiden Sie die Zwiebeln in Würfel, und dünsten Sie diese in dem erhitzten Öl. Geben Sie danach die Hälfte der Roten Bete-Würfel hinzu.

Gießen Sie die Gemüsebrühe auf, und bringen Sie die Suppe zum Kochen. Lassen Sie diese nach dem Aufkochen noch weitere 20 Minuten lang köcheln, und pürieren Sie sie anschließend mit einem Stabmixer.

Die Äpfel waschen, schälen und entkernen Sie. Schneiden Sie die Apfelstücke dann in Würfel, und garen Sie sie 2 Minuten im Apfelsaft. Dann geben Sie die Äpfel zusammen mit der noch vorhandenen Hälfte der Rote Bete-Würfel in die Suppe. Schmecken Sie die Suppe mit etwas Zucker, Salz und Pfeffer ab.
Schlagen Sie nun die Sahne steif. Füllen Sie die Suppe auf die Teller und garnieren Sie diese mit jeweils einem Esslöffel Schlagsahne.

Blumenkohlsuppe

Zutaten:

1 Blumenkohl, 1 l Gemüsebrühe, 150 g Schafkäse, 2 Zwiebeln, 1 Zitrone, etwas Ingwerpulver, Petersilie, Salz und Pfeffer

Zubereitung:

Schneiden Sie den Blumenkohl in mundgerechte Stücke, und waschen Sie diese ab. Kochen Sie den Blumenkohl in der Gemüsebrühe gar. Pürieren Sie die Hälfte des Blumenkohls mit einem Stabmixer. Geben Sie ihn dann wieder zurück in die Gemüsebrühe, und kochen Sie diese zusammen mit den gewürfelten Zwiebeln und dem Zitronensaft noch mal kurz auf.

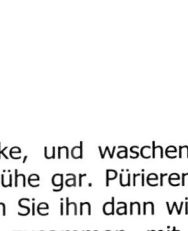

Schneiden Sie den Schafskäse in kleine Würfel, und geben Sie diese in die Suppe. Rühren Sie die Suppe stetig um, bis der Schafskäse geschmolzen ist. Schmecken Sie die Suppe mit etwas Salz, Pfeffer und Ingwerpulver ab. Verteilen Sie die Suppe auf 4 Teller, und dekorieren Sie diese mit der fein gehackten Petersilie.

Wildkräutersuppe

Zutaten:

250 g Wildkräuter, ½ l Gemüsebrühe, 150 g Naturjoghurt, 2 EL Vollkornmehl, 1 Zwiebel, 1 EL Butter, etwas Salz

Zubereitung:

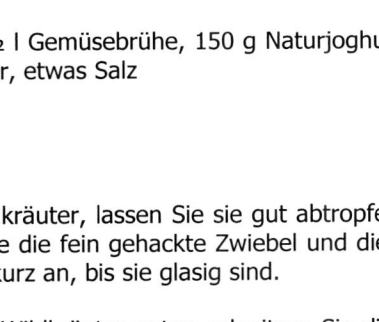

Reinigen Sie die Wildkräuter, lassen Sie sie gut abtropfen, und hacken Sie sie dann klein. Geben Sie die fein gehackte Zwiebel und die Butter in einen Topf, und dünsten Sie sie kurz an, bis sie glasig sind.

Rühren Sie dann die Wildkräuter unter, schwitzen Sie diese kurz an und füllen dann die Gemüsebrühe auf. Lassen Sie die Suppe ca. 7 Minuten bei mittlerer Hitze köcheln. Dann pürieren Sie die Suppe mit einem Stabmixer. Binden Sie die Suppe mit dem Mehl. Den Joghurt rühren Sie jetzt unter, und erhitzen die Suppe noch mal kurz. Schmecken Sie die Suppe mit etwas Salz ab.

Steinpilzsuppe

Zutaten:

20 g getrocknete Steinpilze, 1/8 l Wasser, 100 g Porree, 100 g Sellerieknolle, 150 g geriebener Käse, 250 ml Sahne, 3/8 l Brühe, 2 Eigelb, 20 g Butter, etwas Salz, Pfeffer und Schnittlauch

Zubereitung:

Spülen Sie die Pilze ab und weichen Sie sie ca. 30 Minuten in 1/8 l Wasser ein. Schneiden Sie das Gemüse in Stücke.

Erhitzen Sie die Butter, und dünsten Sie das Gemüse darin an. Löschen Sie mit der Brühe und dem Einweichwasser der Pilze ab, kochen Sie die Suppe kurz auf und kochen Sie sie bei niedrigerer Temperatur ca. 15 Minuten lang.

Passieren Sie dann die Suppe, und kochen Sie sie erneut auf. Fügen Sie jetzt den Käse und die Sahne hinzu. Schmecken Sie die Suppe mit Salz und Pfeffer ab. Verquirlen Sie das Eigelb mit der Sahne und legieren damit die Suppe. Schneiden Sie die Pilze klein und geben diese zur Suppe.

Bevor Sie die Suppe servieren, bestreuen Sie sie mit etwas Schnittlauch.

Schnelle Kartoffelsuppe

Zutaten für 4 Portionen:

400 g Kartoffeln, 1 l Gemüsebrühe, 1 Zwiebel, 2 Knoblauchzehen, ½ Bund Petersilie, 1 TL Senf, 1 EL Schweineschmalz, etwas Salz und Pfeffer

Zubereitung:

Schneiden Sie das Gemüse (bis auf die Petersilie) klein, und dünsten Sie es in dem erhitzten Schweinefett. In einem separaten Topf kochen Sie die Gemüsebrühe auf. Geben Sie dann das gedünstete Gemüse hinzu. Lassen Sie die Suppe ca. 15 Minuten köcheln. Sobald das Gemüse weich ist, drücken Sie es durch ein grobes Sieb. Kochen Sie die Suppe nochmals auf, und schmecken Sie mit Senf, Salz und Pfeffer ab. Verteilen Sie die Suppe auf 4 Teller, und dekorieren Sie mit der fein gehackten Petersilie.

Spargelsuppe

Zutaten:

500 g Spargel, 30 g Butter, 50 g Vollkornmehl, 1 Eigelb, 1 TL Zucker, etwas Salz und Zitronensaft

Zubereitung:

Schneiden Sie den geschälten Spargel in ca. 2 cm lange Stücke. Kochen Sie 1,5 l Wasser auf und geben etwas Salz, 1 TL Zucker und den Spargel hinzu. Kochen Sie den Spargel, bis er bissfest ist. Gießen Sie den Sud ab, und fangen Sie ihn durch ein Sieb auf.

In einem separaten Topf schmelzen Sie die Butter und geben dann das Mehl hinzu. Verrühren Sie alles, und gießen Sie allmählich den Spargelsud hinzu. Verrühren Sie dabei die Suppe stetig mit einem Schneebesen, damit sich keine Klümpchen bilden. Rühren Sie abschließend das Eigelb unter, und schmecken Sie die Suppe mit etwas Salz und Zitronensaft ab.

Kartoffelmöhrensuppe

Zutaten:

200 g Möhren, 300 g Kartoffeln mehlig kochend, 250 ml Sahne, 4 EL Petersilie, 1 Zwiebel, Saft von 1 Zitrone, 1 EL Butter, ½ l Gemüsebrühe,1 EL Emmentaler Käse, etwas Salz und Pfeffer

Zubereitung:

Schälen und waschen Sie die Kartoffeln und Möhren, und raspeln Sie sie dann grob auf einer Reibe. Schälen Sie die Zwiebel, und hacken Sie diese klein. Braten Sie die Zwiebeln in der im Topf zerlassenen Butter glasig. Geben Sie dann die Kartoffel- und Möhrenraspeln hinzu, und verrühren Sie alles. Gießen Sie die Sahne hinzu, und lassen Sie alles kurz aufkochen. Bei schwacher Hitze lassen Sie alles ca. 10 Minuten unter stetigem Rühren köcheln, bis das Gemüse weich ist. Dann gießen Sie die frisch gekochte heiße Gemüsebrühe hinzu und rühren die Petersilie und den Käse unter. Schmecken Sie die Suppe mit dem Zitronensaft, Salz und Pfeffer ab.

Salate - chronische Phase

Auberginen-Salat

Zutaten für 10 Personen:

400 g Auberginen, 300 g Schafskäse, 3 Knoblauchzehen, 7 EL Olivenöl, 1 Bund Basilikum, 1 l Wasser, 3 EL Balsamico-Essig

Zubereitung:

Schneiden Sie die Auberginen in Würfel, und geben Sie diese in kochendes Salzwasser. Blanchieren Sie die Auberginen darin ca. 4 Minuten, und lassen Sie sie dann abtropfen.

Zupfen Sie die Basilikumblätter von den Stielen, und hacken Sie eine Hälfte des Basilikums grob.

Verrühren Sie den Essig mit Salz und Pfeffer. Drücken Sie die Knoblauchzehen in einer Knoblauchpresse aus, und geben Sie dies mit dem gehackten Basilikum und dem Öl zum Essig. Wenden Sie die Auberginenwürfel nun darin, und lassen Sie diese ca. 60 Minuten durchziehen.

Schneiden Sie den Schafskäse in Würfel.

Richten Sie die Auberginen portionsweise auf Tellern an. Die Käsewürfel geben Sie in die Tellermitte und garnieren mit den restlichen Basilikumblättern.

Tipp:

Reichen Sie als Beilage Vollkornbrötchen oder getoastetes Vollkornbrot. Alternativ können Sie Vollkornnudeln servieren.

Anstatt Essig können Sie das Dressing auch mit Brottrunk anfertigen.

Feldsalat mit Dressing

Zutaten:

400 g Feldsalat, 1 Zwiebel, 4 EL Rapsöl, 4 EL Brottrunk, ¼ Bund Schnittlauch, 3 EL Dosenmilch, etwas Pfeffer, Salz und Zucker

Zubereitung:

Putzen Sie den Feldsalat, und waschen Sie ihn mit kaltem Wasser. Lassen Sie ihn abtropfen, und schwenken Sie ihn trocken.

Schneiden Sie die geschälte Zwiebel in feine Würfel. Zusammen mit der Dosenmilch, dem Öl, Brottrunk, Pfeffer, Salz und Zucker verrühren Sie die Zwiebelwürfel zu einer Soße.

Geben Sie den Feldsalat zu der fertigen Soße, und heben Sie ihn vorsichtig unter. Lassen Sie den Salat ca. 5 Minuten ziehen, bevor Sie ihn servieren.

Feldsalat mit Radicchio

Zutaten:

100 g Feldsalat, 150 g Radicchio, 1 Zwiebel, je 1 EL gehackte Petersilie und Schnittlauch, 2 Eier, 2 EL Brottrunk, 4 EL Sonnenblumenöl, 1 TL Senf, etwas Salz, Pfeffer und Zucker

Zubereitung:

Putzen Sie den Salat, und waschen Sie ihn mit kaltem Wasser. Lassen Sie ihn abtropfen, und schwenken Sie ihn trocken. Große Blätter zupfen Sie in kleinere.

Für die Soße geben Sie die fein gewürfelte Zwiebel, das Sonnenblumenöl, den Brottrunk, Senf und etwas Salz, Pfeffer und Zucker in eine separate Schüssel und vermengen diese Zutaten. Dann rühren Sie die fein gehackte Petersilie und den Schnittlauch unter. Gießen Sie die fertige Soße über den Salat.

Dekorieren Sie den Salat mit den in Scheiben geschnittenen, fest gekochten, Eiern.

Brokkoli-Blumenkohl-Salat

Zutaten:

500 g Brokkoli, 1 Blumenkohl, ¼ Zitrone, 3 EL Balsamico-Essig, 2 hart-gekochte Eigelb, 2 TL Senf, 4 EL Öl, etwas Salz, Pfeffer und Zucker

Zubereitung:

Reinigen und trocknen Sie den Blumenkohl und den Brokkoli, und schneiden Sie beides in Röschen. Geben Sie diese zusammen mit einigen Zitronen-scheiben in kochendes Salzwasser. Kochen Sie den Blumenkohl ca. 5 Minuten, und geben Sie dann die Brokkoliröschen hinzu. Kochen Sie das Gemüse weitere 10 Minuten, bis es bissfest ist. Nehmen Sie das gar gekochte Gemüse aus dem Wasser, und lassen Sie es abkühlen.

Für die Soße verrühren Sie den Essig mit Öl, Senf, Pfeffer, Salz und Senf. Gießen Sie die fertige Soße über das Gemüse, und lassen Sie den Salat etwa 20 Minuten ziehen. Mit gewürfeltem Eigelb garnieren Sie dann den ange-richteten Salat.

Grüner Salat mit Croutons

Zutaten:

1 Kopfsalat, 1 Römersalat, 6 Scheiben Vollkorntoastbrot, 80 g weicher Grana-Käse, ½ Bund Petersilie, 10 EL Olivenöl, 1 EL Balsamico-Essig, ½ Bund Schnittlauch, etwas Salz

Zubereitung:

Waschen und schwenken Sie die Salatblätter. Zupfen Sie diese dann in mund-gerechte Stücke. Vermischen Sie das Olivenöl mit dem Balsamico-Essig, und geben die gehackte Petersilie hinzu. Schmecken Sie das Dressing mit Salz ab. Schneiden Sie die Rinde vom Toastbrot ab, dann schneiden Sie die Scheiben in Würfel. Die Brotwürfel braten Sie in erhitztem Öl, bis sie kross sind. Legen Sie diese dann zum Abtropfen auf ein Küchenpapier. Gießen Sie das Dressing über den Salat, und rühren Sie diesen langsam um. Bestreuen Sie den Salat mit den Croutons und dem fein gehackten Schnittlauch.

Sauerkrautsalat mit Weintrauben

Zutaten:

350 g Sauerkraut, 150 g gekochter Schinken, 100 g blaue entkernte Weintrauben, 1 großer Apfel, 200 ml saure Sahne, etwas Salz und Pfeffer

Zubereitung:

Lassen Sie das Sauerkraut abtropfen, und hacken Sie es grob. Schälen, vierteln und entkernen Sie den Apfel. Schneiden Sie die Apfelviertel in kleine Würfel.

Waschen, halbieren und entkernen Sie die Weintrauben. Schneiden Sie den Schinken in ca. 3 cm lange feine Streifen. Geben Sie die Weintrauben, die Apfelwürfel und die Schinkenstreifen zu dem Sauerkraut.

Für die Soße rühren Sie die saure Sahne in einer separaten Schüssel schaumig. Schmecken Sie sie mit Salz und Pfeffer ab, und gießen Sie die fertige Soße über den Salat.

Lassen Sie den Salat ca. 10 Minuten durchziehen, bevor Sie ihn servieren.

Fenchelsalat

Zutaten:

200 g Fenchel, 3 EL saure Sahne, 3 EL Magerquark, etwas Salz und Zitronensaft

Zubereitung:

Entfernen Sie die Fenchelblätter, und hacken Sie die zarten Blättchen fein. Die Fenchelknolle kochen Sie ca. 25 Minuten im Salzwasser. Nehmen Sie die weich gekochte Knolle aus dem Wasser, und schneiden Sie sie in feine Streifen. Für die Soße verrühren Sie die Sahne mit dem Quark, etwas Zitronensaft und Salz. Gießen Sie die Soße über die auf einem Teller angerichteten Fenchelstreifen, und verteilen Sie die fein gehackten Fenchelblätter darüber.

Zu dem Fenchelsalat schmeckt getoastetes Vollkornbrot oder Knäckebrot.

Sauerkrautsalat mit Äpfeln und Ananas

Zutaten:

500 g Sauerkraut, 2 große Äpfel, 4 Scheiben Ananas aus der Dose, 100 ml saure Sahne, 2 EL Crème fraiche, 2 EL Mayonnaise, 2 EL Ananassaft, 2 EL Sauerkrautsaft, 1 EL Möhrenraspeln, etwas Schnittlauch, Salz, Pfeffer und Zucker

Zubereitung:

Lassen Sie das Sauerkraut abtropfen, und fangen Sie den Saft auf. Das Sauerkraut wird grob gehackt und in eine Schüssel gefüllt.

Schälen Sie die Äpfel, schneiden Sie sie in Viertel, entfernen Sie das Kerngehäuse. Schneiden Sie die Apfelstücke in kleine Würfel, und geben Sie diese zum Sauerkraut. Lassen Sie die Ananas abtropfen, und fangen Sie den Saft auf. Die Ananasscheiben werden in 0,5 cm breite Stücke geschnitten.

Für die Soße verrühren Sie in einer separaten Schüssel die saure Sahne mit der Mayonnaise, dem Crème fraiche, dem Ananassaft und Sauerkrautsaft. Schmecken Sie dann mit etwas Zucker, Salz und Pfeffer ab. Gießen Sie die Soße über den Salat, und verrühren Sie alle Zutaten.
Decken Sie die Salatschüssel ab, und lassen Sie den Salat im Kühlschrank ca. 20 Minuten durchziehen.

Vor dem Servieren bestreuen Sie mit etwas fein gehacktem Schnittlauch und Möhrenraspeln.

Eisbergsalat mit Speckwürfeln

Zutaten:

1 Eisbergsalat, 100 g durchwachsener Speck, 1 Zwiebel, 2 EL Rapsöl, 1 Lauchzwiebel, 6 EL saure Sahne, 2 EL Zitronensaft, ¼ Bund Schnittlauch, etwas
Salz, Pfeffer, Paprikapulver und Butter

Zubereitung:

Putzen Sie den Eisbergsalat, und waschen Sie ihn mit kaltem Wasser ab.
Lassen Sie ihn abtropfen, und schwenken Sie ihn trocken. Große Blätter
zupfen Sie in kleinere. Geben Sie die Salatblätter dann in eine große Schüssel.
Waschen Sie die Lauchzwiebel, entfernen Sie die Wurzeln, und schneiden Sie
das Grün in feine Ringe. Geben Sie die Ringe zu dem Eisbergsalat.

Für die Soße verrühren Sie das Rapsöl mit der sauren Sahne, dem Zitronensaft
und dem fein gehackten Schnittlauch. Schmecken Sie die Soße mit Salz,
Pfeffer und Paprikapulver ab.

Schneiden Sie die Zwiebel und den Speck in feine Würfel. Braten Sie beides in
der erhitzten Butter, bis die Zwiebeln glasig sind. Geben Sie den Speck mit den
Zwiebelwürfeln anschließend über den vorbereiteten Salat. Servieren Sie den
Salat sofort.

Vollkorn-Nudelsalat

Zutaten:

300 g Vollkornnudeln, 200 g Gouda am Stück, 1 kleine Dose Mandarinen, 2 EL
Naturjoghurt, 2 EL Crème fraiche, etwas fein gehackte Kresse, Salz und Pfeffer

Zubereitung:

Kochen Sie die Nudeln bissfest, gießen Sie anschließend das Wasser ab, und
lassen Sie die Nudeln abkühlen. Schneiden Sie den Gouda in kleine Würfel,
und geben Sie ihn zusammen mit den abgetropften Mandarinen zu den
Nudeln. Aus den restlichen Zutaten bereiten Sie eine Soße und gießen diese
über den Nudelsalat. Vermengen Sie alles gleichmäßig, und schmecken Sie
den Salat gegebenenfalls mit etwas Salz und Pfeffer ab.

Spargel mit Champignons

Zutaten:

500 g frischer Spargel, 500 g frische Champignons, ½ Kästchen Kresse, Saft von ½ Zitrone, 6 EL Olivenöl, 1 TL Butter, etwas Zucker, Salz und Pfeffer

Zubereitung:

Schälen Sie den Spargel am unteren Drittel der Stangen, und garen Sie ihn mit 1 TL Butter und etwas Zucker ca. 20 Minuten. Anschließend nehmen Sie den Spargel aus dem Wasser und lassen ihn abkühlen. Schneiden Sie ihn dann in ca. 3 cm lange Stücke.

Putzen und waschen Sie die Champignons. Lassen Sie sie abtrocknen, und schneiden Sie sie in Scheiben. Vermischen Sie die Champignons mit den Spargelstücken.

Für die Soße geben Sie das Öl, den Zitronensaft und etwas Salz und Pfeffer in eine Schüssel. Verrühren Sie die Zutaten, und gießen Sie die fertige Soße über den Salat.

Waschen Sie die Kresse mit kaltem Wasser ab. Lassen Sie sie abtropfen, und bestreuen Sie den Salat.

Kohlrabisalat

Zutaten:

4 Kohlrabi, 3 Eier, 4 EL Sesamöl, 2 EL Balsamico-Essig, etwas Petersilie, Salz und Pfeffer

Zubereitung:

Schneiden Sie den geschälten Kohlrabi in Streifen, und kochen Sie diese gar. Schütten Sie dann das Wasser ab, und lassen Sie den Kohlrabi abkühlen. Für die Soße verrühren Sie das Öl mit dem Essig, etwas gehackter Petersilie, Salz und Pfeffer. Schneiden Sie die hart gekochten Eier in Viertel, und legen Sie sie auf die auf Tellern angerichteten Kohlrabistreifen. Gießen Sie die Salatsoße darüber.

Spinatsalat mit Weintrauben

Zutaten für 4 Personen:

250 g Spinat, 500 g grüne Weintrauben, 2 Apfelsinen, 1 Zwiebel, 2 EL Sesam-öl, Saft von ½ Zitrone, 1 TL Senf, etwas Salz, Pfeffer und Kresse

Zubereitung:

Reinigen Sie den Spinat, und schneiden Sie ihn in Streifen. Waschen, halbieren und entkernen Sie die Weintrauben.

Für die Soße schneiden Sie die Zwiebel in kleine Würfel. Geben Sie den ausgepressten Apfelsinen- und Zitronensaft mit dem Öl, Senf, Salz und Pfeffer in eine Salatschüssel. Fügen Sie die Zwiebelwürfel hinzu, und rühren Sie alles um. Schmecken Sie die Soße ab, und geben Sie die Weintrauben und den Spinat ebenfalls in die Schüssel. Rühren Sie den Salat um, und bestreuen Sie ihn mit der Kresse.

Gemischter Reissalat

Zutaten:

3 Tassen gekochter Vollkornreis, 200 g gekochter Schinken, 1 Ananasscheibe, 1 saurer Apfel, 2 rote Paprika, 1 Zwiebel, 2 EL Zitronensaft, 2 EL Sesamöl, etwas Balsamico-Essig, Zucker, Salz und Pfeffer.

Zubereitung:

Schneiden Sie die entkernte Paprika, den Schinken, den entkernten Apfel, die Zwiebel und die Ananasscheibe in kleine Stücke. Geben Sie dies in eine Schüssel, und verrühren Sie den Salat mit dem gekochten Reis.

Für das Dressing verrühren Sie den Zitronensaft mit dem Öl, Essig, Zucker, Salz und Pfeffer. Gießen Sie die fertige Soße über den Salat, und rühren Sie diesen um.

Rote Bete mit Kopfsalat und Ei

Zutaten:

1 Kopfsalat, 10 Scheiben Rote Bete aus dem Glas, ½ Salatgurke, 4 hartgekochte Eier, 2 EL Sesamöl, 1 Zwiebel, 2 EL Balsamico-Essig, 100 ml saure
Sahne, je ½ Bund Petersilie und Schnittlauch, etwas Salz und Pfeffer

Zubereitung:

Reinigen Sie den Kopfsalat, lassen Sie ihn abtropfen, und zupfen Sie die Blätter in mundgerechte Stücke.

Waschen und trocknen Sie die Gurke, halbieren Sie sie längsseitig, und entfernen Sie die Kerne. Schneiden Sie die Gurke dann in ca. 0,5 cm dicke
Scheiben.

Nachdem Sie die hartgekochten Eier geschält haben, schneiden Sie auch diese
in Scheiben. Die Rote Bete lassen Sie abtropfen.

Für die Soße verrühren Sie die saure Sahne mit dem Essig, Öl und etwas Salz
und Pfeffer. Zerhacken Sie die geschälte Zwiebel in feine Würfel, und vermengen Sie diese mit der Soße. Waschen Sie die Petersilie und das Schnittlauch, und hacken Sie alles fein. Geben Sie dies ebenfalls zu der Soße.

Geben Sie den Salat, die Rote Bete und die Gurkenstücke in eine Schüssel,
und verrühren Sie diese Zutaten. Gießen Sie dann die fertige Soße darüber,
und dekorieren Sie den Salat mit den Eierscheiben.

Kressesalat mit Radieschen

Zutaten:

4 Kästchen Kresse, 1 Zwiebel, Saft von 1 Zitrone, 4 EL Sesamöl, 1 Ei, ½ Bund Radieschen, 8 EL Sahne, 1 TL Zucker, ½ Bund Petersilie, ½ Bund Schnittlauch, etwas Salz und Pfeffer

Zubereitung:

Die Kresse wird abgeschnitten und verlesen. Waschen Sie sie in kaltem Wasser ab, und lassen Sie sie abtropfen.

Die geschälte Zwiebel wird fein gehackt. Geben Sie diese zusammen mit der Sahne, dem Öl und dem Zitronensaft in eine Schüssel, und verrühren Sie alle Zutaten zu einer Soße. Schmecken Sie mit etwas Zucker, Salz und Pfeffer ab.

Nachdem Sie die Petersilie und das Schnittlauch unter kaltem Wasser abgespült und klein gehackt haben, rühren Sie dies unter die Soße. Die Kresse füllen Sie in eine Salatschüssel und gießen die fertige Soße darüber.

Reinigen Sie die Radieschen, und schneiden Sie diese in Scheiben. Das hartgekochte Ei wird geschält und grob gehackt. Zusammen mit den Radieschenscheiben verteilen Sie die Eierstückchen auf dem Salat.

Käsesalat mit Äpfeln

Zutaten:

1 Apfel, 50 g grüne Weintrauben, 50 ml Naturjoghurt, Saft von ½ Apfelsine, 60 g Camembert (30 % F.i.Tr.), 1 EL Mandelblätter, etwas Zucker und Curry

Zubereitung:

Schälen, vierteln und entkernen Sie den Apfel. Schneiden Sie die Apfelviertel in kleine Würfel. Waschen, halbieren und entkernen Sie die Weintrauben. Schneiden Sie den Camembert in mundgerechte Stücke. Das Obst richten Sie auf einem Teller an, und verteilen den Camembert darauf. Für die Soße verrühren Sie die restlichen Zutaten. Gießen Sie die fertige Soße über den angerichteten Salat. Dekorieren Sie den Salat mit den Mandelblättern.

Chicorée mit Obst und Curry

Zutaten:

2 Stauden Chicorée, 150 ml saure Sahne, 150 ml Joghurt, ½ TL Currypulver, ½ Knoblauchzehe, 2 Äpfel, 1 Banane, etwas gehackte Petersilie

Zubereitung:

Verrühren Sie die Sahne mit dem Joghurt, und geben Sie das Currypulver, den ausgepressten Knoblauch und etwas Salz hinzu.

Entfernen Sie den Kern am Chicorée-Staudenende kegelförmig. Schneiden Sie den Chicorée anschließend in feine Ringe. Die ungeschälten Äpfel werden bis auf das verbleibende Kerngehäuse grob geraspelt.

Schneiden Sie die Banane in Scheiben, und geben Sie dann alle Zutaten (bis auf die Petersilie) in die Currysahne. Bestreuen Sie anschließend mit etwas gehackter Petersilie.

Möhren mit Ananas

Zutaten:

500 g Möhren, 50 g feine Haferflocken, 1 kleine Ananas, Saft von einer Zitrone, 5 EL Sahne, etwas Salz und Pfeffer

Zubereitung:

Schneiden Sie die Ananas längsseitig in 2 Hälften. Lösen Sie das Fruchtfleisch heraus, und schneiden Sie es in kleine Würfel.

Reinigen Sie die Möhren, und raspeln Sie sie anschließend mit einer Reibe. Vermischen Sie die Möhrenraspeln mit den Ananaswürfeln. Geben Sie die Sahne, den Zitronensaft und etwas Salz und Pfeffer hinzu. Vermischen Sie alles zu einem Salat.

Vor dem Servieren bestreuen Sie den Salat mit den Haferflocken.

Möhren-Apfel-Salat

Zutaten:

300 g Möhren, 3 Äpfel, Saft von 1 Zitrone, Saft von 1 Apfelsine, 2 EL Honig, 1/8 l Sahne, 50 g feine Haferflocken

Zubereitung:

Nachdem Sie die Möhren geputzt haben, spülen Sie sie ab und lassen sie abtropfen. Auf einer Reibe raspeln Sie die Möhren in feine Streifen. Beträufeln Sie die Raspeln mit Zitronensaft. Schälen, vierteln und entkernen Sie die Äpfel. Raspeln Sie die Apfelstücke, und beträufeln Sie sie ebenfalls mit Zitronensaft.

Verrühren Sie in einer separaten Schüssel den Apfelsinensaft mit der geschlagenen Sahne und dem Honig. Gießen Sie die Soße über den Salat, und bestreuen Sie diesen mit den Haferflocken.

Fruchtiger Kopfsalat

Zutaten:

1 Kopfsalat, 250 g frische Süßkirschen, 250 g grüne Weintrauben, 2 Grapefruits, 1 kleine Zwiebel, 1 TL Estragon, 2 EL Balsamico-Essig, 1 TL Senf, 3 EL Öl, ½ Bund Schnittlauch, etwas Salz und Pfeffer

Zubereitung:

Schälen Sie die Grapefruits gründlich, und schneiden Sie das Fruchtfleisch aus den Häuten heraus. Waschen, entstielen und entsteinen Sie die Kirschen. Waschen Sie die Weintrauben, schneiden Sie sie in Hälften, und entfernen Sie die Kerne.

Für die Soße hacken Sie die geschälte Zwiebel in feine Würfel, und geben diese zusammen mit dem Estragon in eine Schüssel. Verrühren Sie dies mit Senf, Öl, Essig und etwas Salz und Pfeffer. Legen Sie eine große flache Schüssel mit den Salatblättern aus. Verteilen Sie darauf die Grapefruits, Weintrauben und Kirschen. Gießen Sie dann die Soße darüber, und garnieren Sie den Salat mit dem zerkleinerten Schnittlauch.

Kürbissalat mit Äpfeln und Birnen

Zutaten:

1 kg Kürbis, 2 Birnen, 2 Äpfel, 1 Bund Schnittlauch, 4 EL Joghurt, ½ TL Senf, Saft von 1 Zitrone, 2 EL Öl, etwas Salz, Pfeffer und Ingwerpulver

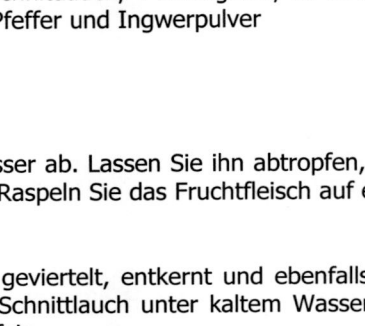

Zubereitung:

Waschen Sie den Kürbis mit kaltem Wasser ab. Lassen Sie ihn abtropfen, und entfernen Sie die Schale und die Kerne. Raspeln Sie das Fruchtfleisch auf einer Reibe.

Die Äpfel und Birnen werden geschält, geviertelt, entkernt und ebenfalls mit der Reibe geraspelt. Waschen Sie den Schnittlauch unter kaltem Wasser ab, trocknen Sie ihn, und schneiden Sie ihn fein.

Geben Sie die Obstraspeln und den Schnittlauch zum Kürbis.

Für die Soße vermengen Sie den Joghurt, das Öl, den Senf und den Zitronensaft. Schmecken Sie die Soße mit Salz, Pfeffer und Ingwerpulver ab. Gießen Sie die fertige Soße über den Salat, und verrühren Sie alle Zutaten.

Decken Sie die Schüssel zu, und lassen Sie den Salat ca. 15 Minuten im Kühlschrank ziehen.

Mango-Litchi-Obstsalat

Zutaten für 2 Portionen:

1 Mango, 50 g Litchis, 50 g blaue Weintrauben, 4 EL grobe Haferflocken

Zubereitung:

Entfernen Sie die Schalen von der Mango und den Litchis. Lösen Sie das Fruchtfleisch von den jeweiligen Kernen, und schneiden Sie dieses anschliessend in mundgerechte Stücke. Waschen und halbieren Sie die Weintrauben. Entfernen Sie die Kerne, und geben Sie die Weintrauben zusammen mit den anderen Zutaten in eine Schüssel. Mischen Sie alles, und verteilen Sie den fertigen Obstsalat auf 2 Teller.

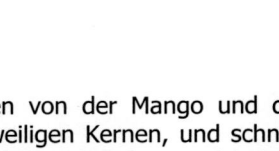

Melonen-Cocktail

Zutaten:

1 Honigmelone, 100 g Mayonnaise, 1 Apfel, 100 g blaue Weintrauben, 2 EL Sahne, 1 EL Ketchup, 200 g gegartes Hähnchenfilet, 125 g Krabben, 3 EL abgetropfte Mandarinen aus der Dose, etwas Zucker, Salz, Pfeffer, Dill und Zitronensaft

Zubereitung:

Schneiden Sie die Melone in Viertel, und lösen Sie das Fruchtfleisch heraus. Entfernen Sie die Kerne, und schneiden Sie das Fruchtfleisch in mundgerechte Würfel.
Geben Sie die Sahne, Ketchup, etwas Zucker, Salz, Pfeffer und Zitronensaft in eine Schüssel, und vermischen Sie diese Zutaten zu einer Soße.

Schneiden Sie die Weintrauben in Hälften, und entfernen Sie die Kerne. Schälen Sie den Apfel, und schneiden Sie das entkernte Fruchtfleisch in Würfel.

Das gegarte Hähnchenfilet schneiden Sie ebenfalls in Würfel und geben diese zusammen mit den abgetropften Melonenwürfeln, Weintraubenhälften, den Apfelwürfeln, den Krabben und den abgetropften Mandarinen in eine separate Salatschüssel. Verrühren Sie alles vorsichtig. Gießen Sie die Soße über den Salat, und rühren Sie alles nochmals vorsichtig um. Garnieren Sie den Salat vor dem Servieren mit etwas Dill.

Als Beilage schmeckt getoastetes Vollkorntoast.

Apfelsinen-Eisbergsalat

Zutaten:

3 Apfelsinen, ½ kleiner Eisbergsalat, 3 kleine Zwiebeln, 2 EL Salatöl, Saft von 2 Zitronen, 4 EL Crème fraiche, etwas Salz, Pfeffer und Zucker

Zubereitung:

Schälen Sie die Apfelsinen, entfernen Sie die weißen Häute, und filieren Sie die Apfelsinenstücke. Zupfen Sie die Blätter vom Eisbergsalat in mundgerechte Stücke, waschen Sie diese, und lassen Sie sie abtrocknen.

Schneiden Sie die geschälten Zwiebeln in feine Ringe. Geben Sie diese zusammen mit den Apfelsinenstücken und dem Eisbergsalat in eine Schüssel.

Für die Salatsoße verrühren Sie den Zitronensaft, Crème fraiche, Öl und etwas Zucker, Pfeffer und Salz.

Gießen Sie die Soße über den angerichteten Salat, und verrühren Sie diesen. Lassen Sie ihn eine kurze Zeit durchziehen.

Obstsalat im Herbst

Zutaten:

Je 1 Apfelsine, Grapefruit, Apfel und Birne, 1 Becher Sahne, 4 EL Reissirup, 150 g Pflaumen, 1 EL feine Haferflocken, etwas Zimt und Zitronensaft

Zubereitung:

Schälen und filieren Sie die Apfelsine und die Grapefruit. Schälen, vierteln und entkernen Sie die Birne und den Apfel. Entkernen Sie die Pflaumen, und schneiden Sie diese in Viertel.

Geben Sie alle Obststücke mit dem Reissirup in eine Schale, und vermischen Sie alles. Beträufeln Sie mit Zitronensaft und rühren nochmals um.
Schlagen Sie die Sahne, und bestäuben Sie diese mit etwas Zimt und den Haferflocken. Reichen Sie den angerichteten Obstsalat mit der Schlagsahne.

Pikanter Obstsalat

Zutaten:

Je 2 Apfelsinen, Äpfel und Birnen, 200 g Weintrauben, 8 Salatblätter, Saft von ½ Zitrone, 5 EL Öl, 2 EL Balsamico-Essig, ½ TL Senf, ½ TL Honig, etwas Salz

Zubereitung:

Schälen, vierteln und entkernen Sie die Birnen und Äpfel. Schneiden Sie ca. 2,5 mm dicke Scheiben, und geben Sie diese in eine Salatschüssel. Schälen Sie die Apfelsinen, und entfernen Sie die Haut von dem Fruchtfleisch. Nachdem Sie die einzelnen Apfelsinenstücke halbiert haben, geben Sie diese zu den Äpfeln und Birnen. Beträufeln Sie das Obst mit etwas Zitronensaft. Waschen, halbieren und entkernen Sie die Weintrauben. Geben Sie diese zu dem Obst in der Salatschüssel.

Für die Soße verrühren Sie in einer separaten Schüssel das Öl mit dem Essig. Schmecken Sie mit etwas Honig, Senf und Salz ab. Gießen Sie die Soße über den Obstsalat, und lassen Sie ihn im Kühlschrank ca. 20 Minuten durchziehen. Waschen und trocknen Sie die Salatblätter. Legen Sie jeweils 2 Salatblätter auf ein Salatschälchen, und verteilen Sie den Obstsalat auf 4 Portionen.

Gurkensalat mit Melonenkugeln

Zutaten:

1 kleiner Eisbergsalat, 1 Honigmelone, 1 Gurke, 150 g Edamer, 5 EL Zitronensaft, 1 EL Mandelblätter, etwas Sesamöl, Zucker, Salz und Pfeffer

Zubereitung:

Zupfen Sie die Salatblätter in mundgerechte Stücke. Waschen Sie diese, und lassen Sie sie abtrocknen. Halbieren Sie die Gurke längsseitig, und entfernen Sie die Kerne. Schneiden Sie die Gurke dann in dünne Scheiben. Halbieren und entkernen Sie die Melone. Stechen Sie aus dem Fruchtfleisch Kugeln aus. Vermischen Sie das vorbereitete Obst und Gemüse mit den Käsewürfeln.

Für die Soße verrühren Sie die restlichen Zutaten. Gießen Sie die fertige Soße über den angerichteten Salat, und bestreuen Sie ihn mit den Mandelblättern.

Obstsalat mit Avocado

Zutaten:

1 Avocado, 1 Apfelsine, 1 Birne, 50 g frische Datteln, 2 Bananen, 5 frische Aprikosen, 150 ml Naturjoghurt, etwas Zitronensaft, 3 EL Dickmilch, 3 EL Ahornsirup

Zubereitung:

Halbieren Sie die Avocado längsseitig, und entfernen Sie den Kern. Schneiden Sie die Avocado und die geschälte Bananen in dünne Scheiben. Geben Sie diese in eine Salatschale, und beträufeln Sie sie mit Zitronensaft.

Halbieren Sie die frischen Datteln, entfernen Sie die Steine, und ziehen Sie die Haut ab. Dann schneiden Sie die Datteln in feine Streifen.

Schälen Sie die Apfelsine gründlich, und entfernen Sie die weiße Haut vom Fruchtfleisch. Danach filieren und halbieren Sie die Apfelsinenstücke.

Schälen, vierteln und entkernen Sie die Birne. Schneiden Sie sie in kleine Würfel..
Halbieren und entkernen Sie die Aprikosen. Schneiden Sie diese in kleine Würfel. Geben Sie alle vorbereiteten Obstsorten in die Salatschüssel, und verrühren Sie vorsichtig.

Für die Soße verrühren Sie den Joghurt mit der Dickmilch, dem Ahornsirup und etwas Zitronensaft. Gießen Sie die Soße über den angerichteten Obstsalat.

Süßes für Zwischendurch - chronische Phase

Bananen-Schokocreme-Sandwich

Zutaten für 1 Portion:

1 Vollkornbrötchen, 1 kleine Banane, 1 TL Zitronensaft, 2 TL Schokoaufstrich

Zubereitung:

Schneiden Sie die Banane in dünne Scheiben.

Bestreichen Sie die unter Brötchenhälfte mit dem Schokoaufstrich. Legen Sie die Bananenscheiben darauf, und decken Sie das Sandwich mit der oberen Brötchenhälfte zu.

Überbackene Bananen

Zutaten:

1 Banane, 4 EL Vollmilch, 1 EL Crème fraiche, 1 Eigelb, 2 TL Reissirup, etwas Zimt und Butter

Zubereitung:

Für die Soße geben Sie alle Zutaten (bis auf die Banane und Butter) in eine Schüssel, und verrühren Sie diese gründlich.
Schälen Sie die Banane und halbieren Sie diese längs und quer. Legen Sie die Bananenstücke in eine mit Butter eingefettete Auflaufform, und gießen Sie die Soße portionsweise darüber.

Backen Sie die Auflaufform im vorgeheizten Backofen bei 220 °C ca. 8 Minuten.

Haferflockenschmarren

Zutaten:

400 g zarte Haferflocken, 1 Apfel, ½ l Milch, 3 Eier, 1 EL Zucker, 3 EL Öl, 1 TL Zimt, etwas Salz

Zubereitung:

Mischen Sie die Haferflocken mit der Milch, und lassen Sie diese zugedeckt ca. 20 Minuten aufquellen.

Schälen, waschen und vierteln Sie den Apfel. Entfernen Sie die Kerne, und schneiden Sie die Apfelviertel in kleine Würfel. Geben Sie die Apfelwürfel, Eier und das Salz zu den Haferflocken, und mischen Sie die Zutaten.

Erhitzen Sie jetzt in einer Pfanne 1,5 EL Öl, und geben Sie die Hälfte des Teiges hinzu. Backen Sie diesen ca. 10 Minuten zugedeckt bei mittlerer Hitze. Wenden Sie anschließend, und teilen Sie den Teig in mehrere Stücke. Wenden Sie den Teig immer wieder, bis er beidseitig knusprig ist. Backen Sie den restlichen Teig genauso. Die fertigen Haferflockenschmarren bestreuen Sie mit Zucker und Zimt.

Pancakes mit Joghurt

Zutaten:

200 g Vollkornmehl, 300 g Naturjoghurt, 1 EL Honig, 40 g Butter, etwas Salz und Ahornsirup

Zubereitung:

Verrühren Sie das Mehl mit dem Joghurt, Salz und Honig zu einem dickflüssigen Teig. Lassen Sie diesen anschließend etwa 5 Stunden lang bei Zimmertemperatur ziehen. Alternativ können Sie ihn auch über Nacht stehen lassen.

Erhitzen die Butter portionsweise in einer Pfanne, und backen Sie darin den Teig zu einzelnen Pancakes. Servieren Sie die heißen Pancakes mit Ahornsirup oder Honig als Beilage.

Süßer Hirsebrei

Zutaten:

180 g Hirseflocken, 5 TL Reissirup, 600 ml Milch, 1 TL Butter, etwas Salz

Zubereitung:

Kochen Sie die Milch zusammen mit dem Reissirup und dem Salz auf. Geben Sie die Hirseflocken zu der aufgekochten Milch, und rühren Sie den Brei um. Bei mittlerer Hitze lassen Sie den Hirsebrei 10 Minuten köcheln und rühren zwischendurch immer wieder um.

Danach reduzieren Sie die Hitze, sodass die Hirseflocken bei ganz leichter Hitze quellen können. Wenn der Brei aufgequollen und ein sämiger Brei entstanden ist, können Sie ihn als warme Zwischenmahlzeit genießen. Aber auch für unterwegs ist er in abgekühlter Form eine willkommene Abwechslung.

Tipp:

Ergänzen Sie den Brei mit frischen Früchten wie z. B. Äpfeln oder Aprikosen.

Mangodessert

Zutaten für 4 Personen:

350 g Sahnequark, 6 EL Milch, 100 ml Sahne, 1 Mango, 1 Tüte Vanillezucker, 2 EL Mandelblätter, 2 EL Frischkäse, 2 EL Reissirup, 2 EL feine Haferflocken

Zubereitung:

Halbieren Sie die geschälte Mango, und entfernen Sie den Kern. Schneiden Sie das Fruchtfleisch in kleine Würfel, und verrühren Sie diese mit dem Quark, Frischkäse und der Milch. Schmecken Sie das Dessert mit Reissirup und Vanillezucker ab. Schlagen Sie die Sahne steif, und heben Sie diese langsam unter das Dessert. Stellen Sie es anschließend zum Abkühlen in den Kühlschrank. Bevor Sie das Dessert servieren, rösten Sie die Mandelblätter an. Geben Sie das Dessert auf 4 Teller, und garnieren Sie diese anschließend mit den Mandeln.

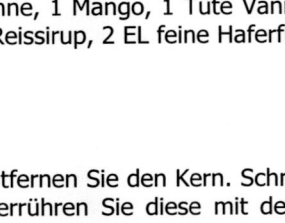

Pikanter Orangen-Grapefruitsaft

Zutaten:

5 Apfelsinen, 2 Grapefruits, je 1 Bund Schnittlauch, Petersilie, Dill, ½ l Milch, 1-2 EL Reissirup, etwas Salz und Pfeffer

Zubereitung:

Nachdem Sie die Kräuter mit kaltem Wasser abgewaschen haben, hacken Sie sie fein.

Pressen Sie die Apfelsinen und Grapefruits mit einer Saftpresse aus. Vermischen Sie den Obstsaft mit den Kräutern und der Milch. Schmecken Sie den Saft mit etwas Salz, Pfeffer und Reissirup ab. Der Saft schmeckt gekühlt am besten.

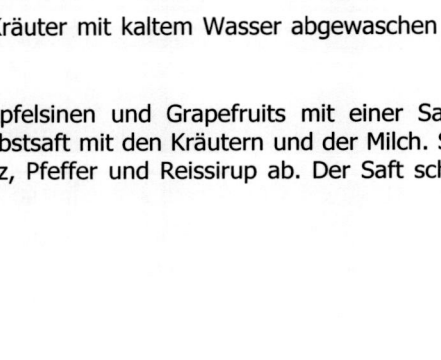

Pflaumengrütze mit Schlagsahne

Zutaten für 4 Portionen:

1 kg Pflaumen, ½ l Wasser, 6 EL Honig, 50 g Speisestärke, 250 ml Apfelsaft, 400 ml Sahne, Saft von 1 Zitrone, ½ TL Zimt

Zubereitung:

Waschen, halbieren und entkernen Sie die Pflaumen. Erhitzen Sie das Wasser mit dem Apfelsaft, dem Zitronensaft und dem Zimt. Geben Sie anschließend die Pflaumen hinzu, und kochen Sie die Zutaten so lange, bis die Pflaumen zu zerfallen beginnen.

Rühren Sie die Stärke mit etwas Wasser an, und geben Sie diese zu der Grütze. Schmecken Sie die Grütze mit Honig ab. Füllen Sie die fertige Grütze portionsweise in Schalen, und lassen Sie diese im Kühlschrank ca. 1 Stunde lang erkalten.

Bevor Sie das Dessert servieren, rösten Sie die Mandelblätter an. Geben Sie das Dessert auf 4 Teller, und garnieren Sie diese anschließend mit der geschlagenen Sahne und den Mandeln.

Rezeptregister

Rezepte Akutphase

Rezepte Einführungsphase

Säfte - Einführungsphase

Suppen - Einführungsphase

Herzhaftes - Einführungsphase

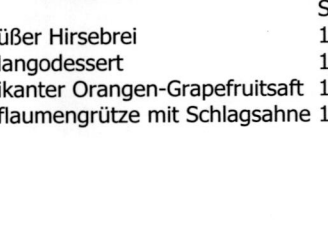

Süßes für Zwischendurch – chronische Phase

Hinweise für den Leser

Alle Angaben in diesem Buch wurden nach bestem Wissen und mit größter Sorgfalt erstellt. Die Angaben und Empfehlungen erfolgen ohne Verpflichtung oder Garantie der Autorin. Sie und der Verlag übernehmen keine Verantwortung und Haftung für Personen-, Sach- und Vermögensschäden aus der Anwendung der hier erteilten Ratschläge.

Dieses Buch hat nicht die Absicht und erweckt nicht den Anspruch, eine ärztliche Behandlung zu ersetzen. Ausdrücklich wird empfohlen, eine medizinische Diagnose vom Therapeuten einzuholen und eine entsprechende Therapiebegleitung durchzuführen. Einige der vorgestellten Maßnahmen weichen von der gängigen medizinischen Lehrmeinung ab, und resultieren aus der Erfahrungsheilkunde.

Es wird ausdrücklich darauf hingewiesen, dass mit diesem Buch keine erfüllbaren Hoffnungen erweckt werden, die eventuelle Heilerfolge erwarten lassen können. Die Verwertung der Texte und Bilder, auch auszugsweise, ist nur mit Zustimmung des Verlags und der Autorin erlaubt. Dies gilt auch für Vervielfältigungen, Übersetzungen, Mikroverfilmungen und für die Verarbeitung mit elektronischen Systemen.

Bildnachweise

Seite 22	© Edith Ochs / pixelio.de
Seite 25	© Maria Brzostowska / fotolia.de
Seite 27	© Heidrun Schneider / pixelio.de
Seite 30	© siepmannH / pixelio.de
Seite 33	© Mike Frajese / pixelio.de
Seite 42	© Rainer Sturm / pixelio.de
Seite 44	© Harry Hautumm / pixelio.de
Seite 48	© Barbara Helgason / fotolia.de
Seite 53	© Simone van den Berg / fotolia.de
Seite 56	© Barbara Helgason / fotolia.de
Seite 60	© Gennadiy Poznyakov / fotolia.de
Seite 64	© m.gade / pixelio.de
Seite 67	© el01 / fotolia.de
Seite 71	© Ideenkoch / fotolia.de
Seite 74	© Eva Gründemann / fotolia.de
Seite 79	© Gennadiy Poznyakov / fotolia.de
Seite 82	© Bettina Stolze / pixelio.de
Seite 84	©Maja Dumat / pixelio.de
Seite 85	© Heike Rau / fotolia.de
Seite 90	© Heino Pattschull / fotolia.de
Seite 95	© babsi w. / fotolia.de
Seite 98	© Paul Maurice / fotolia.de
Seite 101	© Light Impression / fotolia.de
Seite 103	© Knipseline / pixelio.de
Seite 109	© Emma N / pixelio.de
Seite 113	© Barbara Pheby / fotolia.de

Seite 121   © AGfoto / fotolia.de
Seite 125   © Jörg Beuge / fotolia.de
Seite 130   © Mike Schwarzenbeck / pixelio.de
Seite 133   © Tomboy / fotolia.de
Seite 142   © Udo Kroener, Skdesign, PeJo / fotolia.de   und
             © Julia Weimer / pixelio.de

Weitere Bücher zum Thema finden Sie auf unserer Internetseite auf
www.ersa-Verlag.de